人物叢書

新装版

橘諸兄《たちばなのもろえ》

中 村 順 昭

日本歴史学会編集

吉川弘文館

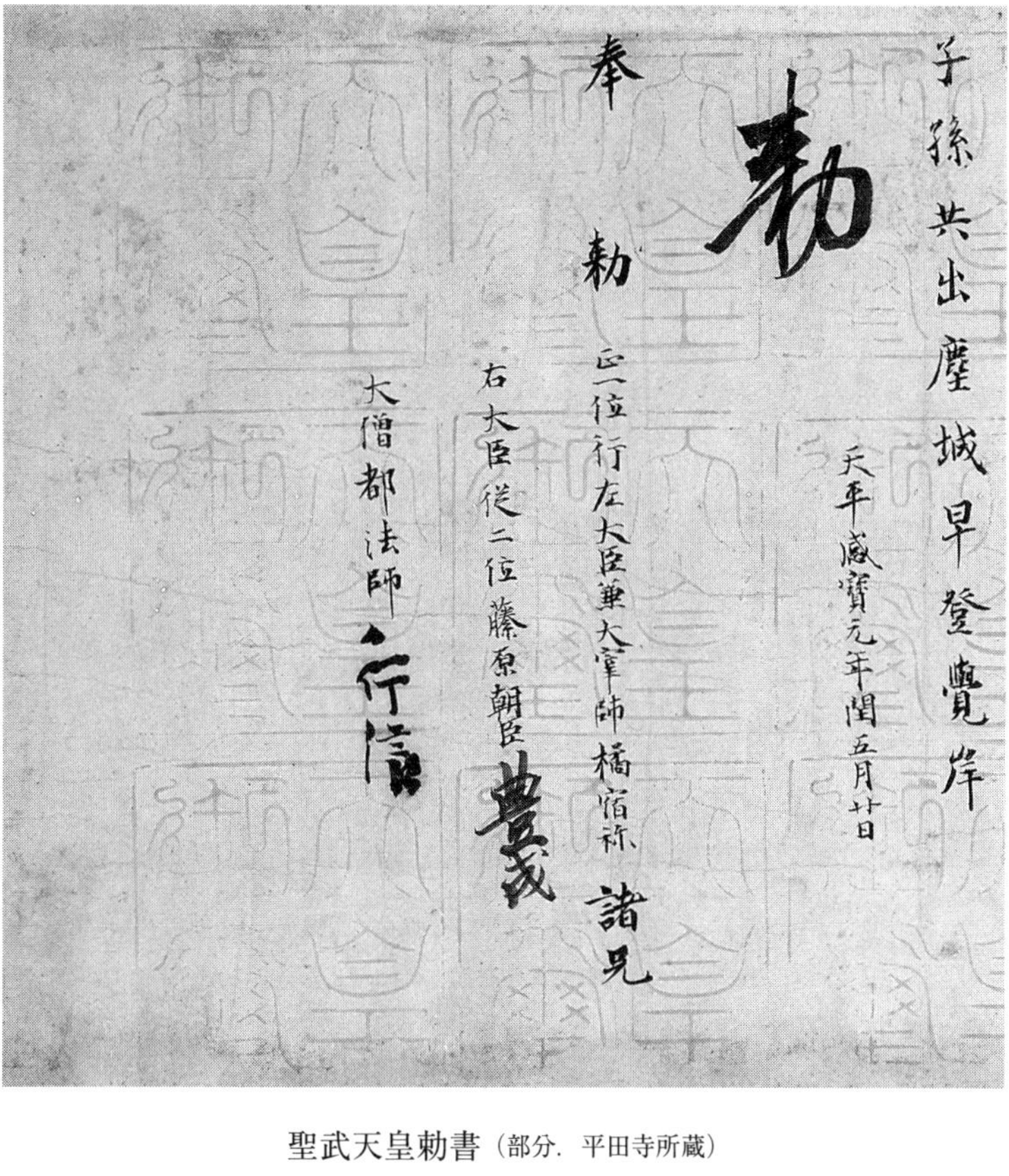

子孫共出塵城早登覺岸
天平感寶元年閏五月廿日
勅
奉勅
正一位行左大臣兼大宰帥橘宿祢諸兄
右大臣従二位藤原朝臣豊成
大僧都法師行信

聖武天皇勅書（部分．平田寺所蔵）

後ろから３行目に諸兄の自署がみえる（本文168～169頁参照）．図18に全体図．

恭 仁 宮 跡（木津川市教育委員会提供）

諸兄は天皇の行幸に先駆けて山背国相楽郡を訪れ，遷都の準備を進めた（本文87頁参照）.

はしがき

八世紀の日本は、律令制《りつりょうせい》の時代、平城京《へいじょうきょう》の時代であり、文化的には天平《てんぴょう》文化とも称されている。天平文化の最盛期は、東大寺《とうだいじ》大仏と正倉院《しょうそういん》宝物《ほうもつ》で代表され、聖武《しょうむ》天皇と光明《こうみょう》皇后を中心に考えられることが多いが、その同時代の重要な政治家の一人が橘諸兄である。橘諸兄は天平九年（七三七）に藤原武智麻呂《ふじわらのむちまろ》らが疫病で亡くなった後、天平勝宝《てんぴょうしょうほう》八歳（七五六）に致仕《ちし》するまで二〇年近くの間、右大臣《うだいじん》・左大臣《さだいじん》として太政官《だじょうかん》のトップの座にあった。

奈良時代、八世紀の政治を、政権のトップに立った人物で見ると、藤原不比等《ふひと》、長屋王《ながやおう》、藤原武智麻呂、橘諸兄、藤原仲麻呂《なかまろ》、道鏡《どうきょう》、藤原永手《ながて》などとなり、藤原氏とそれ以外とが交互に権力を握った。藤原氏を中心にした観点では、藤原氏対反藤原氏の対立という図式を設定して、政権交代を経て藤原氏が勢力を拡大していったととらえることも行われている。しかし、藤原不比等、武智麻呂、仲麻呂、永手らを藤原氏ということで一律にとらえることが適切なのだろうか。

また長屋王、橘諸兄、道鏡は、それぞれの置かれた政治状況が異なっていて、反藤原氏と一括するのは一面的にすぎよう。とりわけ橘諸兄は、もと葛城王《かずらき》と称する皇親であったが、母は県犬養橘三千代《あがたのいぬかいのたちばなのみちよ》で、光明皇后と父は異なるが母は同じ兄妹でもあって、藤原氏を代表する光明皇后と諸兄は互いに支え合うような側面もあった。いっぽうで、子の奈良麻呂《ならまろ》がクーデタを計画したときに大伴《おおとも》氏や佐伯《さえき》氏などの伝統的豪族を同士としており、諸兄も守旧派と位置づけられることもあるが、橘氏は諸兄に始まる新興氏族でもある。このように橘諸兄には多様な側面があり、天平期の政治を考えるうえでは諸兄をどのように位置づけるかが重要な問題となる。そのためには諸兄の経歴、事績などをきちんと把握する必要がある。本書はそのための試みである。

橘諸兄が政権の中枢にあった時期には、聖武天皇が恭仁宮《くにのみや》・難波宮《なにわのみや》・紫香楽宮《しがらきのみや》と転々と都を遷し、そのなかで東大寺大仏の造営という大事業が始められた。そのいっぽうで、郷《ごう》里制《りせい》の廃止や国分寺《こくぶんじ》の造営、公廨稲《くがいとう》の設置、墾田永年私財法《こんでんえいねんしざいのほう》の発布など、全国にわたる重要な政策も行われた。これらは律令制の根幹にも関わるものであり、橘諸兄の時代は、律令国家のあり方を考えるうえでも重要な時期である。そこで、本書では橘諸兄の動向に関わって、さまざまな政策についても取り上げるように努めた。

橘諸兄について、考えなければならない重要な事柄として『万葉集《まんようしゅう》』の成立に諸兄がどのように関わったのかという問題がある。『栄花物語《えいがものがたり》』に橘諸兄が『万葉集』を撰ばせたとあるのをはじめ、諸兄と『万葉集』の成立との関係については、さまざまな議論があるが、本書ではこの問題に言及しない。現在のところ筆者は、『万葉集』成立に諸兄自身は直接には関わっていないと考えていることによるが、それ以上に、この問題を考えるためにも諸兄の経歴や活動を可能な限り明らかにすることが、基礎的な作業として必要であると考えているからである。したがって、『万葉集』については、史料として諸兄に関わる部分を利用することにとどめた。この点をあらかじめお断りしておく。

橘諸兄に関わる人物について、人物叢書シリーズでは、義江明子『県犬養橘三千代』、井上薫『行基《ぎょうき》』、林陸朗《ろくろう》『光明皇后』、岸俊男『藤原仲麻呂』、宮田俊彦『吉備真備《きびのまきび》』が刊行されている。また聖武天皇や大伴家持《やかもち》については、さまざまな伝記、評伝が著されている。奈良時代のさまざまな政争に関しては、木本好信氏の一連の研究に代表される多くの研究の蓄積がある。本書の記述の多くはそれら諸研究に負っているが、本文中に個々の先行研究を紹介しておらず、代表的なもののみ巻末に参考文献として掲げておいた。

また、近年では平城京をはじめ、恭仁宮、紫香楽宮、難波宮などの遺跡の発掘調査によって新たな知見が増加している。特に紫香楽宮の遺跡の調査では、木簡《もつかん》の出土も含めて多くの発見があり、それによって大仏造営に関する新たな研究も多く行われている。本書では、それらの新知見を極力取り入れるように努めた。それが十分であるかどうかは心もとないが、橘諸兄を軸にして考えたことで、藤原氏や天皇を中心とした奈良時代史とは少し異なった側面が見えてくるように思う。なお、橘諸兄はもと葛城王で、天平四年九月に橘宿禰《すくね》の姓とともに諸兄という名も与えられた。それに従って、本書では、原則として天平四年九月以前は葛城王、それ以降は橘諸兄と表記するようにした。

目次

口絵

挿図

挿　表

第一　生い立ち

一　父　祖

生年は天武一三年

橘諸兄は、天武《てんむ》一三年（六八四）の生まれ、敏達《びだつ》天皇の子孫で、父は美努王《みのおう》、母は県犬養三千代《あがたのいぬかいのみちよ》で、はじめ葛城《かずらき》（葛木）王といった。『公卿補任《くぎょうぶにん》』天平《てんぴょう》三年（七三一）条の葛城王の項には「天武元年甲申《こうしん》生」「年四十八歟《か》」とあるが、天武元年は壬申《じんしん》で、甲申は天武一三年にあたり、四八歳という年齢にも合うので、「元年」は「十三年」の誤写であろう。

史料にみる系譜

『公卿補任』には、「訳語田《おさだ》天皇（敏達也）皇子難波《なにわ》親王の四世孫。贈従二位栗隈《くりくま》王の孫。治部卿《じぶきょう》摂津大夫《せっつたいふ》従四位下美努王の子なり」とあり、『尊卑分脈《そんぴぶんみゃく》』に記す、

敏達天皇――難波親王――大俣《おおまた》王――栗隈王――美努王――諸兄

という系譜に合致し、葛城王は五世王となる。

ところが、『新撰姓氏録《しんせんしょうじろく》』左京皇別《さきょうこうべつ》上の橘朝臣《あそみ》条では、栗隈王は難波皇子の子とされている。『日本書紀《にほんしょき》』敏達四年（五七五）正月条に「是《こ》の月に、一の夫人《ぶにん》を立つ。春日臣《かすがのおみ》仲君《なかつこ》の女を老女子夫人《おみなごのおおとじ》と曰《のたま》ふ。（中略）三の男・一の女を生めり、其の一を難波皇子と曰《もう》す。其の二を春日皇子《かすがのみこ》と曰す。其の三を桑田皇女《くわたのひめみこ》と曰す。其の四を大派皇子《おおまたのみこ》と曰す」とあることから、大俣王（大派皇子）は敏達の子が系譜に混入したものとして、葛城王を敏達の四世孫とする見方もある。

しかし、『新撰姓氏録』には祖先系譜の確定できない氏を未定雑姓《みていざつしょう》としてまとめていて、そのなかの茨田真人《まんだのまひと》の条に「渟中倉太珠敷天皇（諡敏達）孫大俣王之後」とあり、敏達天皇の孫に大俣王が存在したとする系譜を伝えている。敏達の子の大派皇子と孫の大俣王は別人であった可能性が高い。『日本書紀』で大派王（皇子）が登場するのは、舒明《じょめい》八年（六三六）七月条で蘇我蝦夷《そがのえみし》に対して朝参時刻について大派王が意見を述べた記事と、皇極《こうぎょく》元年（六四二）一二月条で舒明天皇の喪において大派皇子に代わって巨勢臣徳太《こせのおみとこだ》が誄《しのびごと》をした記事である。難波皇子と春日皇子は用明《ようめい》二年（五八七）の蘇我馬子《うまこ》による物部《もののべ》守屋《もりや》攻撃に加わっており（崇峻《すしゅん》天皇即位前紀）、その頃には成年に達していたと見られる。舒明・皇極紀にみえる大派王（皇子）は、用明二年から約五〇年の間隔があるので、難波皇子の同母弟とするよりも難波皇子の子とするのが妥当である。舒明天皇も敏達天皇の孫であり、大派王（大俣王）は舒明と同世代の王族の一人で、蘇我蝦夷に意見を進言できるだけの力を持つ有力な存在であったのであろう。

祖父栗隈王の遍歴

栗隈王（栗前王とも）は、天智《てんじ》七年（六六八）七月と天智一〇年六月に筑紫率《つくしのそち》に任じられた記事がある。天智紀にしばしば見られる重出記事の一つと考えられるが、その間の天智八年正月に蘇我赤兄《あかえ》を筑紫率に任じた記事がある。この時期には新羅《しらぎ》や唐《とう》からしばしば使者が来朝しており、それに対応する筑紫率は随時に大和《やまと》と筑紫の間を往還する使者（ミコトモチ）として頻繁に交代した可能性もある。いずれにせよ天智一〇年六月からは筑紫に赴任していて、翌天武元年六月に、大海人《おおあま》皇子が東国に入ったのを聞いた大友《おおとも》皇子の近江《おうみ》朝廷は、筑紫大宰《おおみこともち》栗隈王に兵力動員を命じる使者を派遣したが、栗隈王は「筑紫国はもとより辺賊に備えている」として、これを拒絶した。使者は栗隈王が従わない場合には殺すことを命じられていたが、栗隈王の二人の子（三野《みの》王・武家《たけいえ》王）が帯剣して防御していたので殺すことができなかったという。

その後、栗隈王は天武四年三月には兵政官長《へいせいかんちょう》に任じられ、同五年六月に薨《こう》じている。「政《まつりごと》の要《かなめ》は軍事なり」（『日本書紀』天武一三年閏四月丙戌《へいじゅつ》〈五日〉条）とする天武朝において、軍事部門の長官とみられる「兵政官長」に任じられているのは、壬申の乱に際しての対応を評価されてのことであろう。

二人の「ミノ王」

美努王（三野王・弥努王）は、前述のように壬申の乱に際して、父の栗隈王とともに筑紫にいたのであるから、その頃にはまだ未成年であった。ただし使者を威嚇しているので、幼年ではなく一〇代には達していたのであろう。ところで、天武朝にはもう一人の美濃《みの》王がいた。『日本書紀』天武元年六月甲申（二四日）条に、大海人皇子が吉野《よしの》を脱出して宇陀《うだ》に至ったとき、美濃王を召して同行させたことが見えていて、この美濃王の系譜は不詳だが、筑紫にいた三野王とは明らかに別人である。そして、天武二年一二月に高市大寺《たけちだいじ》（のちの大官大寺《だいかんだいじ》）を造る司に任じられ、天武四年四月に風神を竜田《たつた》に祀る使いとなった「小紫《しょうし》美濃王」は、大海人に同行した美濃王であろう。小紫（のちの三位に相当）の冠位を持っているのは壬申の乱での功績によると考えられる。

その後、天武一〇年代に三野王（弥努王）が次の四つの記事に現れる。

(1)天武一〇年三月に「帝紀《ていき》及び上古諸事《じょうこしょじ》」の記定に加えられた三野王

(2)天武一一年三月に新城《にいき》に遣わされて、その地形を見た小紫三野王

(3)天武一三年二月に都とする地形を見るため信濃《しなの》に派遣された三野王（三野王は閏四月

に信濃国の図をすすめた）

(4)天武一四年九月に京・畿内の人夫の兵器を調べるために派遣された弥努王

このうち(1)の「帝紀及び上古諸事」の記定に参画したのは、王族では川嶋《かわしま》皇子・忍壁《おさかべ》皇子・広瀬《ひろせ》王・竹田《たけだ》王・桑田王・三野王であり、(4)で天武一四年に京・畿内に派遣されたのは、宮処《みやどころ》王・広瀬王・難波王・竹田王・弥努王である。広瀬王・竹田王と三野王（弥努王）が共通するので、(1)の三野王と(4)の弥努王は同一人物と認められる。(3)と同日に都の占定《せんてい》のために畿内に派遣されたのが広瀬王で(1)(4)と共通するので、これも同一の三野王である。そこに共通して見える広瀬王は浄広肆《じょうこうし》（従五位下相当）と見え、竹田王も持統《じとう》三年（六八九）二月に浄広肆とあり、三野王もこれらと同格かそれ以下と見なされる。(2)の天武一一年の記事には「小紫三野王」と「小紫」の冠位が付されているが、都の地の占定という役割は(3)と共通するので、(2)の三野王は(1)(3)(4)と同一人で、「小紫」とあるのは『日本書紀』編者の誤記と見るべきである（倉本一宏「律令制成立期の政治体制」）。

父美努王の遍歴

この三野王が葛城王の父で、葛城王が生まれた天武一三年は(3)で信濃に派遣された時期である。同日の記事で広瀬王は浄広肆だが、三野王には冠位記載がないので、まだ冠位を持っていなかったようである。壬申の乱のときに一〇代後半とすれば、三〇歳前後であったと推定される。そして持統八年九月に浄広肆で、筑紫大宰率《だざいのそち》に任じられ、その後『続日本紀《しょくにほんぎ》』では美努王または弥努王と記され、大宝《たいほう》元年（七〇一）一一月に正五位下で造大幣司長官となり、翌二年正月に左京大夫《さきょうのだいぶ》、慶雲《けいうん》二年（七〇五）八月に従四位下で摂津大夫、和銅《わどう》元年（七〇八）三月に治部卿となり、同年五月に没している（以下、『続日本紀』を典拠とする場合には、年月〈日〉のみで、出典は省略する）。

二　県犬養三千代

母三千代とその周辺

葛城王の母は、県犬養三千代である。県犬養氏は、屯倉《みやけ》などでの犬の飼育や管理にあたった伴造《とものみやつこ》氏族と考えられ、もとのカバネは連《むらじ》であった。壬申の乱で県犬養大侶《おおとも》が大海人皇子方の舎人《とねり》として活躍し、大宝元年正月に直広壱《じきこういち》（正四位下相当）で没したときに、壬申年の功績によって正広参《しょうこうさん》（正三位相当）が追贈された。葛城王が生まれた天武一三年に県犬養連は八色《やくさ》の姓《かばね》の宿禰《すくね》姓となっている。県犬養三千代の父は東人《あずまひと》で、大侶との関係は不詳だが、三千代は県犬養氏から出される氏女《うじめ》として天武天皇の後宮《こうきゅう》に出仕し、鸕野讃良《うののさらら》皇女（持統天皇）や、その子の草壁《くさかべ》皇子と妃の阿閉《あへ》皇女（元明《げんめい》天皇）に仕えたようである（義江明子『県犬養橘三千代』）。天武一三年に葛城王を生んだあと、佐為《さい》王、牟漏《むろ》女王を生んでいるが、その後、美努王とは離別して藤原不比等《ふじわらのふひと》と結ばれ、大宝元年に安宿媛《あすかべひめ》（光明皇后《こうみょうこうごう》）を生んでいる。

三千代と美努王が別れた時期は不詳だが、美努王が持統八年に筑紫大宰率に任じられて赴任したときに、三千代は藤原京にとどまって二人は別れた可能性が高い（新川登亀男「橘諸兄―「臣」への道―」）。この年に葛城王は一一歳であったが、幼い弟・妹とともに母の三千代のもとに残り、そこで成長したと考えられる。そうだとすれば三千代の再婚相手である藤原不比等や、その子である安宿媛とも接する機会が多かったであろう。

三千代、橘の姓を賜る

持統一一年に持統天皇から孫の軽《かる》皇子に譲位され、文武《もんむ》天皇となった。三千代が仕えた阿閉皇女は、文武天皇の母として皇大妃《こうたいひ》と呼ばれ、大宝二年に持統太上《だじょう》天皇が没したあとは、若い文武天皇を支える立場となった。そして慶雲四年に文武天皇が二五歳で没すると、阿閉皇大妃は即位して元明天皇となった。三千代は和銅元年一一月に元明天皇の大嘗会《だいじょうえ》に供奉《ぐぶ》し、同月二五日の宴で忠誠を賞されて、杯に浮かべた橘を与えられ、「橘は菓子の長上で人の好むところである。枝は霜雪の中でも繁茂し、葉は寒暑にもしぼまない。珠玉とともに光り、金銀の中にあっても美しい」として、橘宿禰の姓を与えられた（『続日本紀』天平八年一一月丙戌〈一一日〉条）。元明天皇の大嘗祭では一一月二三日に五位以上の宴、二五日に六位以下の宴があったが、三千代の橘賜姓《しせい》は六位以下の宴の日であるから、この段階では三千代は六位以下であったことが知られる。

三千代の昇進

そののち三千代は、元正《げんしょう》天皇の養老《ようろう》元年（七一七）正月に従四位上から従三位に昇進している。従四位上になった時期は不明で、元明天皇の即位にともなって急速に昇進したと考えられる。さらに養老五年正月には正三位に叙され、その年五月に元明上皇が重病となったときには、その平癒を祈って三千代は入道し、食封《じきふ》と資人《しじん》の返還を申し出たが、元正天皇の詔《みことのり》があって食封・資人の辞退は認められなかった。三千代と元明天皇の結びつきが強かったことが分かる。

のちに詳しく見ていくように、葛城王は三千代が与えられた橘の姓を継承して橘諸兄となったのであり、また光明皇后の活動にも母の三千代の存在は大きな影響を与えている。母の三千代を通した光明皇后と葛城王（橘諸兄）との関係は、奈良時代中葉の政治史を理解するうえで重要な要素となってゆくのである。

三　五世王

不遇な立場から皇親へ

さきに見たように葛城王は敏達天皇の五世の子孫である。五世王は皇親として微妙な立場であった。養老令の継嗣令《けいしりょう》では、

凡《およ》そ皇《おう》の兄弟、皇子をば、皆親王とせよ。女帝の子も亦《また》同じ。以外は並びに諸王とせよ。親王より五世は、王の名を得たりと雖《いえど》も、皇親の限りに在らず

とあり、大宝令でもほぼ同内容であったと推定されている。浄御原令《きよみはらりょう》での皇親の範囲は明らかでないが、大宝令では五世王は皇親の範囲外とされているのである。皇親は正《おお》親司《きみのつかさ》の名籍に登録され、一三歳以上になれば時服料《じふくりょう》が支給されるなど諸種の特典があった。葛城王は大宝元年には一八歳であったが、皇親の範囲には含まれていなかったはずである。

ところが、皇親の範囲が、慶雲三年二月に、五世王を皇親に含むように変更された。このときに葛城王は二三歳で、すでに官途についていたと考えられるが、皇親として扱われるようになった。また弟の佐為王、妹の牟漏女王も一〇代後半で、同様に皇親の待

遇となった。この時点で五世王は葛城王兄弟のほかにも多くいたであろうが、母の県犬養三千代が阿閉皇大妃や文武天皇に仕え、右大臣《うだいじん》藤原不比等の妻であったことからすれば、葛城王とその兄弟の待遇改善が、この改定の契機の一つになったと考えられる。

初めての叙位

葛城王が最初に正史に登場するのは『続日本紀』和銅三年正月七日条で、無位《むい》から従五位下に叙されている。父の美努王の死から二年後である。平城京《へいじょうきょう》遷都の年に貴族に列することになったのである。このとき葛城王は二七歳であった。

皇親が最初に得る位階について、大宝令の選任令《せんにんりょう》（養老令では選叙令《せんじょりょう》）には、

> 凡そ皇親に蔭《おん》せむことは、親王の子に従四位下、諸王の子に従五位下、其れ五世王は従五位下

とあり、五世王には最初に従五位下が与えられることになっていたので、規定通りの位階である。二七歳で位階が与えられたのも特段遅かったわけではない。

五位以上の子や三位以上の孫には父祖の位階に応じて蔭位《おんい》が定められていて、二一歳以上の年齢であることが位階を得る要件であった。しかし二一歳で自動的に叙位されるわけではなく、大学寮《だいがくりょう》を経て試験に合格するか、舎人などで勤務して叙位の資格を得た段階で所定の蔭位が与えられることになっていて（野村忠夫『律令官人制の研究』）、皇親の

場合も同様だったのだろう。蔭子孫《おんしそん》のうち三位以上の子は、舎人のなかでも格が高い内舎人《うどねり》となることになっていたので、皇親も最初は内舎人となったと考えられる。

葛城王は、おそらく二一歳となった慶雲元年頃に内舎人となり、官人《かんじん》としての勤務を始めたのだろう。そして約五年間の勤務を経て、位階をもらう資格を得て、令の規定によって五世王として従五位下が与えられたのだろう。内舎人は慶雲三年の制度で四年間の勤務成績で位が与えられることになったが、葛城王は和銅元年に父の美努王が死去したので、その喪に服して一年遅れたのかと思われる。葛城王が二七歳ではじめて叙位されたのは、律令の規定によるもので、とりたてて冷遇されていたわけではない。また、この段階では、母の県犬養三千代の存在が葛城王の叙位に有利に働いたということもなかったようである。葛城王は、五世王として標準的なスタートをしたのである。

第二　皇親官人としての葛城王

一　藤原不比等と葛城王

馬寮の担当となる

和銅《わどう》四年（七一一）一二月に、葛城《かずらき》王は馬寮監《めりょうのげん》に任じられた。馬寮監は令制にない官職で、左馬寮《さまりょう》・右馬寮《うまりょう》を統括するものと考えられているが不明な点が多い。平安時代には馬寮御監《めりょうのごげん》があり、駒牽《こまひき》などに際して馬の名簿を天皇に奏上する役割で、左右近衛府《さうこのえふ》の大将《たいしょう》が兼ねることになっていた。天平勝宝《てんぴょうしょうほう》八歳（七五六）六月一二日の東大寺献物帳《とうだいじけんもっちょう》では、正五位下で紫微大忠《しびだいちゅう》の賀茂角足《かものつのたり》が左兵衛率《さひょうえのそち》と左右馬監《さうまのげん》を兼ねており（『大日本古文《だいにほんこもん》書《じょ》』四巻一七五頁）、天平宝字《てんぴょうほうじ》二年（七五八）八月一八日の造東大寺司解《ぞうとうだいじしのげ》では造東大寺司長官の正四位上坂上犬養《さかのうえのいぬかい》が左勇士衛《さゆうしえいの》（衛士府《えじふ》）督《かみ》・左右馬監・播磨守《はりまのかみ》を兼ねていて（同四巻二九六頁）、それら左右馬監は馬寮監と同じものと見られる。賀茂角足は紫微大忠であることから分かるように光明《こうみょう》皇太后の側近の一人であり（ただし、橘奈良麻呂《ならまろ》の変では奈良麻呂の与党として獄死した）、坂上犬養は聖武《しょうむ》上皇の薨去《こうきょ》に際して、その忠誠を賞されていて、いずれも天皇や、皇太后の寵臣であった。葛城王も元明《げんめい》天皇の側近として馬寮を担当したものと見られる（坂本太郎「馬寮監」）。

しかし葛城王は和銅四年には従五位下であり、左右馬寮の頭《かみ》（長官）の相当位の従五位上より格下である。左右馬寮の上に立って統括したとするには位階が低いように思われる。令制官職で監を称するものとしては、大宰府《だざいふ》の判官の大監《だいげん》・少監《しょうげん》があり、令外では征東将軍《せいとうしょうぐん》などの判官が軍監《ぐんげん》、中衛府《ちゅうえふ》の判官が将監《しょうげん》であり、監は判官に対応している。左右馬寮には判官として大允《だいじょう》（正七位下相当）・少允《しょうじょう》（従七位上相当）があり、馬寮監はそれらとは明らかに異なるが、長官の上に立つものでもないだろう。

馬寮の職掌

左右馬寮は諸国の牧から貢進される馬を飼育・調教することを担当する官司だが、馬や馬具を天皇に供することも職掌に含まれていた。馬寮監は天皇の側近が任じられていることから推察すると、馬寮の全般を総覧するというより、天皇への供御《くご》を担当する別局のような存在として置かれたものと考えられる。天平神護《てんぴょうじんご》元年（七六五）に内厩寮《ないきゅうりょう》が独立した官司として設置されるが、その前身となるのが馬寮監であったのだろう。

『公卿補任《くぎょうぶにん》』天平《てんぴょう》八年（七三六）条の参議《さんぎ》橘諸兄の項に葛城王から橘諸兄に改めたことが

記されていて、そこには「従三位行《ぎょう》左《さ》大弁《だいべん》兼侍従《じじゅう》左右馬・内匠《たくみ》・催造監《さいぞうのげん》葛城王」とある。この「左右馬」は左右馬寮監のことで、「内匠」も内匠寮監《たくみりょうのげん》であろう。少なくとも天平八年まで馬寮監を続けていたようで、元明・元正《げんしょう》・聖武の三代にわたって二〇年以上この地位に就いていたことになる。

侍従と兼務

また侍従に任じられた時期は不明だが、侍従の相当位は従五位下であるので、従五位下に叙せられた和銅三年に侍従となった可能性が高い。馬寮監に任じられたのは、侍従の役割の一環として馬寮との関係を担当することになったのであろう。そのような地位についたのは、母の三千代《みちよ》が元明天皇の側近であったことによると考えられる。そして侍従として天皇の近くに仕えたことが、その後の葛城王の昇進につながっていくことになる。

元正天皇の即位と長屋王の台頭

馬寮監となってからしばらく、葛城王の動向は明らかでない。和銅八年九月、元明天皇は譲位して氷高《ひだか》内親王が元正天皇となり、年号が霊亀《れいき》元年（七一五）と改められた。その前年には文武《もんむ》天皇の子の首《おびと》皇子（のちの聖武天皇）が一四歳で元服《げんぷく》して皇太子となっていたが、「年歯《ねんし》幼稚」であるとして即位が見送られ、元明の娘で皇太子の伯母にあたる氷高内親王が後継として選ばれたのである。

そして元正天皇、首皇太子を元明太上《だじょう》天皇や右大臣藤原不比等《うだいじんふじわらのふひと》らが支える体制がしばらく続いた。そのなかで台頭したのが長屋《ながや》王であった。長屋王は高市《たけち》皇子の子で、母は御名部《みなべ》内親王（天智《てんじ》天皇の娘）である。高市皇子は天武《てんむ》天皇の長男だったが、母が地方豪族の宗像《むなかた》氏であったため、天武の皇子のなかでの序列は低かった。それでも、持統《じとう》天皇のときには太政大臣《だじょうだいじん》となり、持統の後継者となる可能性もある存在であった。長屋王はその長男で、しかも元正天皇の妹吉備《きび》内親王を妻としていた。この長屋王が、養老《ようろう》二年（七一八）に参議・中納言《ちゅうなごん》を飛び越えて大納言《だいなごん》となり、同日に中納言から昇任した大納言阿倍宿奈麻呂《あべのすくなまろ》とともに不比等に次ぐ立場となった。

　そのようななかで、葛城王は養老元年正月、従五位下から従五位上に昇進した。従五位下となって七年後である。

結婚と息子誕生の時期

　この間、和銅七年正月に葛城王の弟佐為《さい》王が無位《むい》から従五位下となり、貴族官人《かんじん》に加わった。また葛城王の妹の牟漏《むろ》女王は藤原房前《ふささき》の妻となって、和銅七年に藤原永手《ながて》を生んでいる。そして葛城王が藤原不比等の娘の多比能《たひの》を妻としたのも、この頃であった。多比能が生んだ橘奈良麻呂は、『尊卑分脈《そんぴぶんみゃく》』には「年三十七」とあり、天平宝字元年に乱により殺されたのが三七歳とすると、養老五年の生まれとなる。ただし奈良麻呂は天平一二年五月に無位から従五位下に叙されており、そのときに二一歳以上であったとすると、養老四年以前の生まれであった可能性もある。いずれにせよ藤原不比等（養老四年没）が生存中に多比能と葛城王は結婚していたことになる。

なお、『尊卑分脈』では藤原多比能の項には「母同光明皇后」とあり、葛城王と同じく県犬養《あがたのいぬかい》三千代が母であったとするが、同母異父の兄妹の婚姻が忌避されなかったのか疑問が残る。それはともかく、不比等が娘の結婚相手として葛城王の将来性を見込んでいたことは確かであり、葛城王ら兄弟と藤原氏との関係は良好であった。

子は奈良麻呂のみか

葛城王（橘諸兄）の子として知られるのは、奈良麻呂一人である。正一位左大臣《さだいじん》にまで昇ったのであるから、藤原多比能以外にも妻妾があっただろうが、子はなかったようである。なお、天平勝宝元年四月に無位から正四位下に叙された橘通何能《つかの》という女性があり、無位からいきなり正四位下の高位を与えられていることからみて葛城王（橘諸兄）の娘であった可能性があるが、通何能はこの記事に見えるのみで、それ以外の動向はまったく不明である。

それに対して、弟の佐為王には知られる限りでも男子に文成《あやなり》、綿裳《わたも》の二人、女子に古《こ》那可智《なかち》、真姪《まおい》、御笠《みかさ》、真都我《まつが》、宮子《みやこ》の五人があり、兄の葛城王より子女には恵まれていたようである。

母子そろっての昇進

葛城王が従五位上となったのと同じ養老元年正月には、県犬養三千代が従四位上から従三位となっており、母子そろっての昇進であった。また三千代が生んだ藤原安宿媛《あすかべひめ》が皇太子首親王の妃となったのは、霊亀二年のことで、養老二年には二人の間に阿倍《あべ》女王（のちの孝謙《こうけん》天皇）が誕生している。三千代の昇進は前年に安宿媛が皇太子妃となったことによるものだろう。葛城王の周辺の人々が、それぞれ地位を高めていた。

二　長屋王政権

長屋王政権の誕生

藤原不比等は晩年にも養老律令を編纂するなど、政治運営に意欲を持っていたようだが、養老四年八月に六二歳で亡くなった。大納言阿倍宿奈麻呂もその年すでに亡くなっており、長屋王が太政官《だじょうかん》の首班《しゅはん》となり、翌養老五年には右大臣に昇進した。またこの養老五年には元明太上天皇も亡くなり、政権中枢での世代交代がすすんだ。

兄弟そろって侍従となる

葛城王は、養老五年正月には正五位下になった。従五位上となって四年後である。同日には弟の佐為王が従五位下となった。佐為王は、同月にほかの数名の文人学者らとともに、退庁後に東宮《とうぐう》に侍《はべ》ることが命じられている。『藤原武智麻呂伝《ふじわらのむちまろでん》』には同時代の「風流《ふりゅう》侍従」として狭井《さい》王があげられていて、狭井王は佐為王のことと考えられ、文筆に優れていたようである。そのことによって東宮首親王の教育係となったのである。侍従となった時期は不詳だが、おそらく五位となってまもなくで、葛城王と兄弟そろって侍従となっていたと考えられる。

　養老五年正月には県犬養橘三千代も従三位から正三位となっている。母子そろっての昇進であった。三千代は、同年五月には元明太上天皇の病気平癒を願って出家したことにより、食封《じきふ》・資人《しじん》の辞退を申し出たが、元正天皇の詔《みことのり》によって食封・資人の収公は認められなかった。出家したといっても位階はそのままで、同年一二月の元明太上天皇没後にも元正天皇に奉仕を続けた。のち神亀《じんき》四年（七二七）一二月には、同族の県犬養連《むらじ》五百依《いおえ》・安麻呂《やすまろ》らを宿禰《すくね》姓に改めることを願い出て認められるなど、県犬養氏の族長のような立場になっていた（義江明子『県犬養橘三千代』）。

急速な出世

　葛城王は、二年後の養老七年正月には正五位上に、さらに翌神亀元年二月には聖武天皇即位にともなう叙位で従四位下となり、昇進の速度を速めている。同じ神亀元年二月には佐為王も従五位上から正五位下となっている。この前後の時期、諸王のなかでは蔭《おん》階《かい》の従四位下または従五位下の位階を得たのちの経歴が不明な王が大半であり、無位のままの王も少なくない。一定の待遇を得れば、その地位に安住して官人としての仕事につかない王が多かったのであり、そのなかで葛城王や佐為王は着実に昇進していて、官人として精勤して能力を認められていたと考えられる。

養老年間にも葛城王の官人としての事跡は、ほとんど知られない。養老五年九月に伊《い》勢《せ》斎王《さいおう》となった井上女王《いのうえ》（皇太子首親王の娘。母は県犬養広刀自《ひろとじ》。のち光仁《こうにん》天皇の皇后）が北池辺新《きたいけべのしん》宮《ぐう》に移る儀において、前輿長《まえのこしのおさ》を務めたことが『政事要略《せいじようりゃく》』所引の「官曹事類《かんそうじるい》」の記事から知られるのが唯一である。このときの前輿長は葛城王と弟の佐為王、後輿長《のちのこしのおさ》は桜《さくら》井《い》王と大井《おおい》王であり、皇族としての役割であったのだろう。

広刀自と安宿媛の格差

井上女王は養老元年の生まれで、このときにはまだ五歳であった。聖武天皇即位後は内親王となるが、神亀四年に伊勢に向かい、その後長く斎宮《さいぐう》として伊勢にとどまった。女王の母県犬養広刀自は、県犬養唐《もろこし》の娘である。唐は神亀三年正月に従六位上から従五位下になっているので、広刀自が井上女王を生んだときには、まだ六位以下の中級官人であった。広刀自と三千代の血縁関係は不詳だが、昇進した三千代に代わって県犬養氏の氏女《うじめ》として後宮《こうきゅう》に仕えたのであろう。井上のほか、不破《ふわ》内親王・安積《あさか》親王を生んだが、天平九年に正五位下から従三位に昇るまでは、天皇のキサキとしては夫人《ぶにん》（三位以上）より格下の嬪《ひん》（四・五位）の待遇であった。神亀四年以前に従三位となっていた安宿媛との差は大きく、三千代からすれば同族の広刀自も支援すべき立場であったが、それよりも自分の子である安宿媛に対する期待の方が大きかったであろうことは容易に推測される。葛城王にとっても同様に異父妹の安宿媛がキサキのなかで最も身近な存在であった。

三　長屋王の変

聖武天皇の即位

養老八年二月、首皇子は二四歳でようやく元正天皇から譲位された。聖武天皇である。年号が神亀と改められ、即位後の叙位で葛城王は従四位下となった。

即位の直後に聖武天皇は長屋王を左大臣とし、また母の藤原宮子《みやこ》（文武の夫人）を皇太《こうたい》夫人《ぶにん》とした。公式令《くしきりょう》の規定では、皇太夫人は文書で平出《へいしゅつ》（文書中で行頭に書いて敬意を示すこと）の対象とされていて、君主と臣下に分ければ君主の側に位置づけられる立場であった。宮子は病気がちであったので、政治的な権力を振るったわけではないが、後に安宿媛が皇后となる先駆けとなった。

神亀四年閏九月、聖武天皇と安宿媛との間に皇子が誕生した。この皇子の名は『本《ほん》朝《ちょう》皇《こう》胤《いん》紹《じょう》運《うん》録《ろく》』には基《もとい》王とあるが、諱《いみな》が不明で某王とされていたものを誤記した可能性が高い。聖武天皇にはすでに安宿媛との間に阿倍内親王、県犬養広刀自との間に井上内親王があったが男子はなく、待望の男子出生であった。恩赦《おんしゃ》が発令されるなど、さまざまな祝賀が行われ、一一月には皇太子に立てられた。生後一ヶ月余りのことである。しかし、この皇太子は、翌神亀五年九月に早世してしまう。この神亀五年には県犬養広刀自との間に安積親王が誕生したが、その祝賀などは知られず、天皇にとっては皇太子の夭折《ようせつ》による落胆の方が大きかったようである。

長屋王の変、勃発

そして翌神亀六年二月に、いわゆる長屋王の変がおこった。左大臣長屋王が謀反を企てているとの密告があり、藤原宇合《うまかい》らが衛府《えふ》の兵を率いて長屋王宅を囲み、舎人《とねり》親王らが長屋王を糾問して自尽《じじん》に追い込んだのである。また王の妻吉備内親王と、その子である膳夫《かしわで》王、桑田《くわた》王、葛木《かずらき》王、鉤取《かぎとり》王もともに自尽している。

左大臣長屋王は、父が高市皇子（天武の子）、母が御名部皇女（天智の娘）で、血統の面でも官職でも最有力な王であった。妻のうち吉備内親王は、草壁《くさかべ》皇子と元明天皇の娘で、

長屋王関係略系図

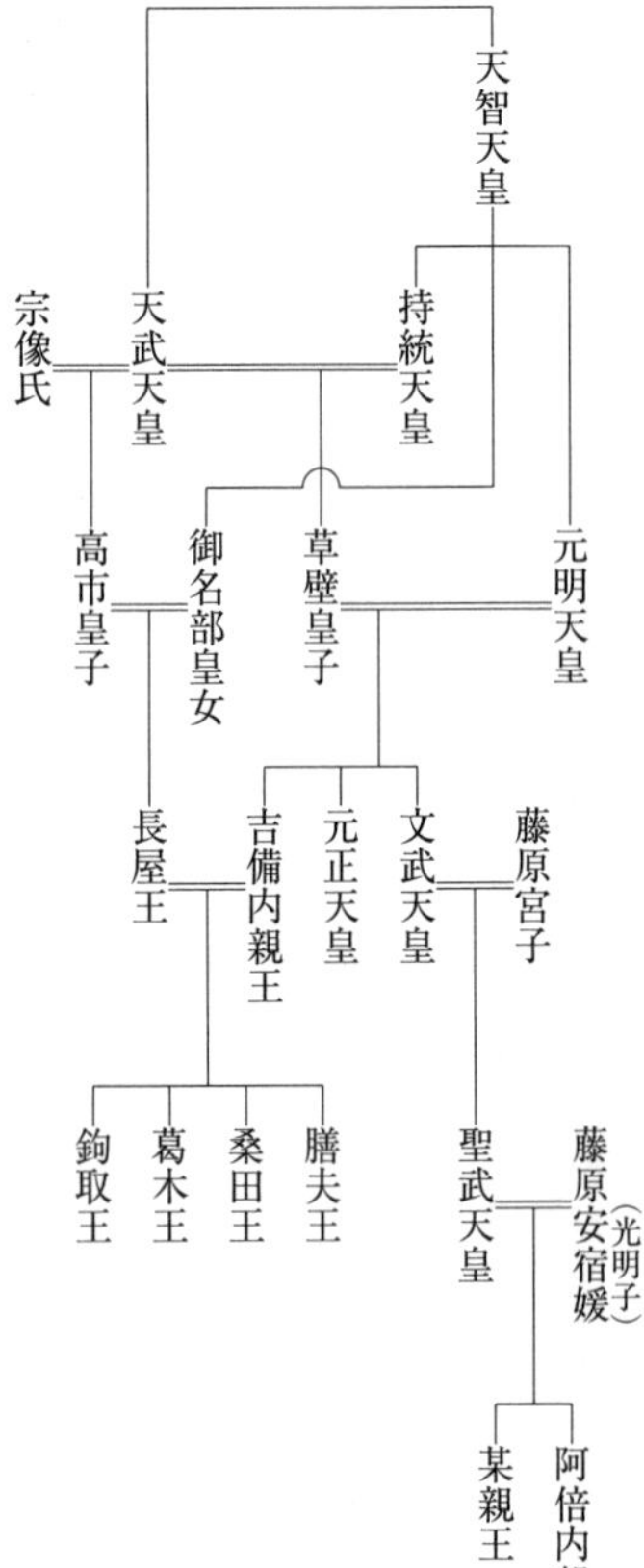

文武天皇や元正天皇の妹である。そして吉備内親王の産んだ膳夫王らは霊亀元年に皇孫の待遇となっている。草壁・文武・聖武と受け継がれた血統に対して、長屋王と吉備内親王の一家は、もう一つの有力な皇族であった。安宿媛の生んだ某王が生後まもなく皇太子に立てられたのは、聖武天皇と安宿媛の強い意向によるものであろうが、皇太子が早世した段階では、次の皇太子をどうするかが問題となったはずで、長屋王・吉備内親

王とその子らの存在が大きくクローズアップされたのだろう。長屋王だけでなく、吉備内親王とその子の膳夫王らも死に追い込まれたのである。

対立の図式

長屋王が謀反を企てていたという密告は、のちに誣告《ぶこく》（偽りの訴え）であったとされていて（『続日本紀《しょくにほんぎ》』天平一〇年七月丙子《へいし》〈一〇日〉条）、聖武天皇や藤原氏らによる陰謀であったと考えられている。長屋王事件に関連して処罰されたのは、外《げ》従五位下の上毛野《かみつけの》宿奈麻呂ら七人であった（同天平元年二月戊寅《ぼいん》〈一七日〉条）。有力豪族が排斥された形跡はなく、藤原氏対皇親とか藤原氏対反藤原氏という図式で対立をみることは難しい。皇族内部の対立とみるのが妥当だろう。

葛城王・鈴鹿王の活躍

葛城王は、事件の直後の三月に従四位下から正四位下に二階昇進している。定例の叙位の一環ではあるが、事件への論功行賞《ろんこうこうしょう》の側面もあり、二階昇進しているのは、葛城王のほかには鈴鹿《すずか》王（従四位上から正四位上）、大伴道足《おおとものみちたり》（従四位下から正四位下）の二人である。この三人が具体的にどのような活躍をしたのかは不明だが、鈴鹿王は長屋王の弟である。事件の直後の二月一八日に「長屋王の昆弟《こんてい》・姉妹・子孫と妾らとの縁坐《えんざ》すべきは、男女を問はず咸《ことごと》く皆赦除《しゃじょ》せ」との勅《ちょく》があり、縁坐を許されただけでなく、二階の昇進となったのである。鈴鹿王は、聖武天皇方について長屋王と対立する立場をとったのであり、それによって多くの皇親らが長屋王方につくのを防いだのだろう。葛城王も同様に皇親の分裂を防ぐような活躍をしたのであろう。この鈴鹿王、葛城王の二人は、このあとしばらく皇族の有力者として聖武天皇を支えることになる。

ところで、『続日本紀』によれば、密告があったのは二月一〇日、長屋王らが自尽したのは一二日で、足かけ三日で決着している。ところが事件後の二月二二日には、事件のために徴発した百姓《ひゃくせい》の雑徭《ぞうよう》を免除する命令が出されている。密告があってから二日間で百姓を動員したとは考えにくい。聖武天皇方は事前に百姓を徴発して長屋王逮捕の準備をすすめていたのであり、二月一〇日の密告で事件が始まったわけではなかった。

中衛府と内匠寮の設置

この神亀六年には、例年は正月に行われる恒例の叙位が、事件後の三月にずれ込んでいる。不穏な状況がすでにあったのだろう。また前年の神亀五年八月（『類聚三代格《るいじゅさんだいきゃく》』では七月二一日）に授刀舎人寮《じゅとうとねりりょう》を改編して中衛府を設置したのも、聖武天皇や存命中の皇太子を警護する親衛隊を強化したものであった。

さらに中衛府設置と同日に内匠寮が設置された。前にも述べたように『公卿補任』天平八年条に葛城王は「従三位行左大弁兼侍従左右馬・内匠・催造監」とあり、この内匠は馬寮監・催造司監と同様に内匠寮監であったと考えられる。内匠寮の四等官《しとうかん》は、頭《かみ》・

助《すけ》・允《じょう》・属《さかん》で、監という職はない。内匠寮はさまざまな物品の製作にあたるが、そのなかで特に天皇の供御に関する部分を担当したのが内匠寮監であったのだろう。葛城王が内匠寮監に任じられたのは、内匠寮が設置されて間もなくであったと考えられる。馬寮監・内匠寮監を兼ねる侍従として聖武天皇の近くに仕え、皇親や有力貴族らを聖武天皇方にまとめる働きをしたのだろう。

藤原武智麻呂政権の誕生

葛城王らが叙位されたのと同じ神亀六年三月に、中納言の正三位藤原武智麻呂が大納言となった。先任の中納言大伴旅人《たびと》を超えての昇進であった。この時点で上席の大納言に従二位の多治比池守《たじひのいけもり》がいるが、池守は四年前の神亀二年一一月に長寿によって霊寿《れいじゅ》杖《じょう》を賜っているように高齢で、左右大臣は欠員であるので、武智麻呂が実質的に太政官の首班となった。藤原武智麻呂政権の誕生で、中納言に大伴旅人と阿倍広庭《ひろにわ》がおり、参議には藤原房前のほか権参議《ごんのさんぎ》として多治比県守《あがたもり》・石川石足《いしかわのいしたり》・大伴道足がならび、太政官の議政官《ぎせいかん》の構成では大伴・阿倍・石川（蘇我《そが》）の旧豪族や皇族から出た多治比など氏族のバランスをとって、長屋王事件の動揺に対処できる体制を整えた。

四　藤原武智麻呂政権と葛城王

1　光明立后

祥瑞献上

長屋王の変から四ヶ月後の神亀六年六月、左京職《さきょうしき》から祥瑞《しょうずい》の亀が献上された。その甲羅に「天王貴平知百年」の文字があったという。この亀の出現をうけて八月五日に年号が天平と改元《かいげん》され、大赦《たいしゃ》や官人らへの一斉叙位と賜物《たまいもの》などが行われた。天平の年号は二〇年続き、さらに天平感宝《かんぽう》、天平勝宝、天平宝字、天平神護と天平を冠する年号が一八年続くことになる。奈良時代を象徴する年号の始まりである。

光明皇后

そして八月一〇日には夫人の藤原安宿媛が皇后に立てられた。光明皇后である。聖武天皇の父文武天皇には皇后はなく、その後は元明・元正と女性天皇が続いたので、この光明皇后は大宝律令《たいほうりつりょう》が制定されてから初めての皇后であった。大宝・養老律令で天皇の配偶者として、皇后のほかに妃・夫人・嬪があり、後宮職員令《こうきゅうしきいんりょう》に妃は四品《しほん》以上、夫人は三位以上、嬪は五位以上と定められていて、これらは位階をもつ臣下の立場であるが、皇后は位階を超越した君主の側の立場であり、天皇にならぶ地位である。光明皇后は、天平宝字四年に亡くなるまで約三〇年にわたって皇后、皇太后、太皇太后として君臨し続けたのである。光明皇后の娘である称徳《しょうとく》天皇が道鏡《どうきょう》を法王《ほうおう》とし、母親の権威から脱して専制的な権力を強めた段階で、神護景雲《じんごけいうん》という天平の文字を含まない年号に改元している。そのような結果から見ると、光明皇后の存在と天平の年号とは深く結びついていたといえる。

立后の五日前の改元と、それにともなう恩赦や叙位、賜物などは立后を円滑に行うための演出と見られる。改元の詔では祥瑞の亀を献上したのは京職大夫《きょうしきのだいぶ》の藤原麻呂《まろ》であり、祥瑞自体も藤原四兄弟らによる作為の可能性が高い。作為ではないとしても、祥瑞を過大に宣伝して利用したものであろう。また安宿媛の異父兄である葛城王にとっても身近な皇后の存在は大きな力となるはずである。葛城王も、立后に荷担した可能性は大きい。

左大弁に就任

光明立后の直後、九月二八日に葛城王は左大弁に任じられた。弁官は太政官の事務局で、中務省《なかつかさしょう》以下の八省《はっしょう》や諸国司《こくし》との連絡にあたる要職であり、左大弁はそのトップである。同時に右大弁《うだいべん》に任じられた大伴道足も、長屋王の変後に位階が二階昇進していて、事件の功績者である。この二人が左右弁官の筆頭に並ぶことになったのである。

皇后宮職の設置

また、新たに皇后宮職《こうぐうしき》が設けられて、その長官に小野牛養《おののうしかい》が任じられた。大宝令制では、后妃に関わる事務を扱う官司として中宮職《ちゅうぐうしき》が設けられていて、それまで夫人であった安宿媛をはじめ聖武天皇の夫人や嬪、それに皇大夫人藤原宮子らの事務を担当していたが、光明立后によって中宮職とは別に皇后宮職が設けられたのである。この皇后宮職は光明皇后の権力拡大とともに機能を増大していくことになる。その初代の大夫に任じられた小野牛養は、長屋王の変にあたって舎人親王や藤原武智麻呂らとともに長屋王の糾問にあたっており、聖武天皇方の立場にあった人物である。

2 班田使

班田使に就任

天平元年一一月、京と畿内の班田使《はんでんし》（司）が任じられ、葛城王は山背《やましろ》国の班田使となった。大宝律令の施行以来、班田は慶雲《けいうん》元年（七〇四）、和銅三年、霊亀三年、養老七年に行われ、それらの班田では死亡者の口分田《くぶんでん》を収公して、その田地を新たに受田年齢に達した人に授ける形で行われていたようである。そのため各戸の口分田があちこちに散在してしまうようになっていた。そこで、天平元年の班田ではすべての口分田を収公して、改めて班給し直す方針が定められていた。

口分田班給の全面的なやり直しにともない、貴族の位田《いでん》などにも影響が及んだ。政府は、功田《こうでん》・賜田《しでん》や寺田・神田については、変更しないことを原則としたが、位田については上・中・下の等級が同じ田であれば交換を認めることにしていた。位田を与えられる貴族らは、少しでも収穫の多い田を望んだであろう。とりわけ位田は畿内に多く、畿内ではその調整が必要となる。班田収授《しゅうじゅ》は基本的に国司が行うのだが、国司は大国の守（長官）でも官位相当が従五位上で、有力貴族らの圧力に抵抗することは難しいことから、左大弁葛城王のような有力者が班田使に任じられたのだろう。

『続日本紀』には畿内班田使に任じられた人名は記されておらず、葛城王が班田使であったことは『万葉集《まんようしゅう》』から知られる。『万葉集』巻二〇、四四五五・五六番には、葛城王と薩妙観《さつみょうかん》の歌の贈答がある。

『万葉集』にみえる班田使・葛城王

天平元年の班田のときに、使葛城王の、山背国より薩妙観命婦《みょうぶ》等の所に贈りし歌一首、芹子《せり》の裏に副へたり

あかねさす昼は田賜《た》びてぬばたまの夜の暇に摘める芹これ

（昼間は田を分け与え、夜の暇に摘んだ芹がこれですよ）

薩妙観命婦の報贈せし歌一首

ますらをと思へるものを大刀《たち》佩《は》きて可爾波《かには》の田居《たい》に芹そ摘みける

（ますらおだと思っていたのに、大刀を腰につけていながら可爾波の田で芹なんかを摘んでいたのですね）

（和歌の現代語訳は、おおむね岩波文庫『万葉集』によった。以下同じ）

さほど珍しくもない芹を送っての歌の贈答で、ユーモラスなやりとりである。可爾波は木津川《きづがわ》の東岸、京都府木津川市山城町《やましろ》綺田《かばた》と推定されている。薩妙観は、養老七年に従五位上、神亀元年五月に河上忌寸《かわかみのいみき》の姓を与えられた女官《にょかん》だが、ここでは旧名で記されている。元正太上天皇の詔に応えた歌があり（『万葉集』四四三八）、元正天皇に仕えていた女性で、そこから葛城王との交流があったのだろう。この贈答歌は天平勝宝七歳の宴席で橘諸兄（葛城王）が披露したものである。諸兄は多くの歌を記録していて、折にふれてそれらを披露したようである。その記録では、薩妙観は古くから交流していた旧名で書かれていたのであろう。

葛城王の機嫌をなおした安積山の歌

この天平元年の歌が『万葉集』のなかで葛城王（橘諸兄）の作歌として残る最も早い時期の歌であるが、葛城王の関わった歌としては、巻一六、三八〇七番の、

安積山《あさかやま》影さへ見ゆる山の井の浅き心を我が思はなくに

（安積山の山影まで見える山の泉のように、浅い心で私はあなたを思うのではありません）

がある。この歌は『古今和歌集《こきんわかしゅう》』仮名序《かなじょ》に「難波津《なにわづ》に咲くやこの花ふゆごもり今は春べと咲くやこの花」とともに「歌の父母」「手習ふ人のはじめ」とされる歌だが、『万葉集』では左注に、

右の歌は、伝に云《いわ》く、「葛城王の陸奥《むつ》国に遣はされしときに、国司の祇承《しぞう》、緩怠《かんたい》なること異甚《はなは》だし。ときに、王の意悦《こころよろこ》ばず、怒色《どしょく》面《おもて》に顕《あら》はる。飲饌《いんぜん》を設《ま》くと雖《いえど》も、肯《あ》へて宴楽《えんらく》せざりき。ここに前の采女《うねめ》の風流なる娘子《おとめ》、左の手に觴《さかずき》を捧《ささ》げ、右の手に水を持ち、王の膝を撃ちてこの歌を詠むこと有りき。爾乃《すなは》ち王の意解《と》け悦《よろこ》び、楽飲《らくいん》すること終日なりき」といふ

とある。葛城王が陸奥国に派遣されたときに、国司の接待が粗略で王は不機嫌となり、それが表情にも表れて宴会が盛り上がらなかったが、もと采女であった風流な女性が左手に盃と右手に水の器を持って王の膝を叩いてこの歌を詠んだところ、王の機嫌がなおって終日楽しんだという。

巡察使でもあった葛城王

葛城王という王は、橘諸兄となる葛城王のほかに、天武八年に没した葛城王や、厩《うまや》戸《ど》皇子（聖徳太子《しょうとくたいし》）の孫の葛城王があり、天智天皇となる中大兄《なかのおおえ》皇子も一名葛城皇子で

あり、それらの葛城王の可能性もある（『日本古代人名辞典』）。しかし、陸奥国に使者として派遣されて国司の接待を受ける立場になった人物としては、国司の制度がある程度整った八世紀がふさわしく、橘諸兄となった葛城王がもっとも可能性が高い。

そして国司の接待を受けるような使者としては、後に見る鎮撫使《ちんぶし》や節度使《せつどし》もあるが、葛城王は陸奥国が属する東山道《とうさんどう》の鎮撫使や節度使に任じられた形跡はないので、巡察使《じゅんさつし》であったと考えるのが妥当である。巡察使は、地方行政を視察するためにしばしば派遣され、その位階は史料で知られる範囲では五位程度の場合が多い。葛城王が四位となったのが神亀元年であるから、それ以前の和銅～養老年間に、五位の若手皇親として葛城王が東山道巡察使となったことがあったのだろう。

安積山を望む（郡山市観光協会提供）
奥の最も高い山が安積山.

葛城王の性格

左注に記された伝では、国司の接待に不満を示した葛城王の傲慢な態度に批判的な書きぶりであるから、宴席の様子は葛城王の周辺の誰かが伝えたと考えることもできるが、安積山の歌によって機嫌がなおったという記述からは、葛城王自身が自嘲をこめてこの歌を披露したと考えた方がよいだろう。

滋賀県宮町《みやまち》遺跡（紫香楽宮《しがらきのみや》跡）から出土した木簡《もっかん》のなかに、この「あさかやま」の歌を記した木簡が見つかっている。その釈文《しゃくもん》は次のものである（『木簡研究』三一）。

・奈《な》邇《に》波《は》ツ《つ》爾《に》〔　　〕夜《や》己《こ》能《の》波《は》□□由《ゆ》己《こ》〔

・阿《あ》佐《さ》可《か》夜《や》〔　　〕流《る》夜《や》真《ま》〔

難波津の歌と安積山の歌を一枚の木簡の表裏に書いたものである。紫香楽宮が営まれ

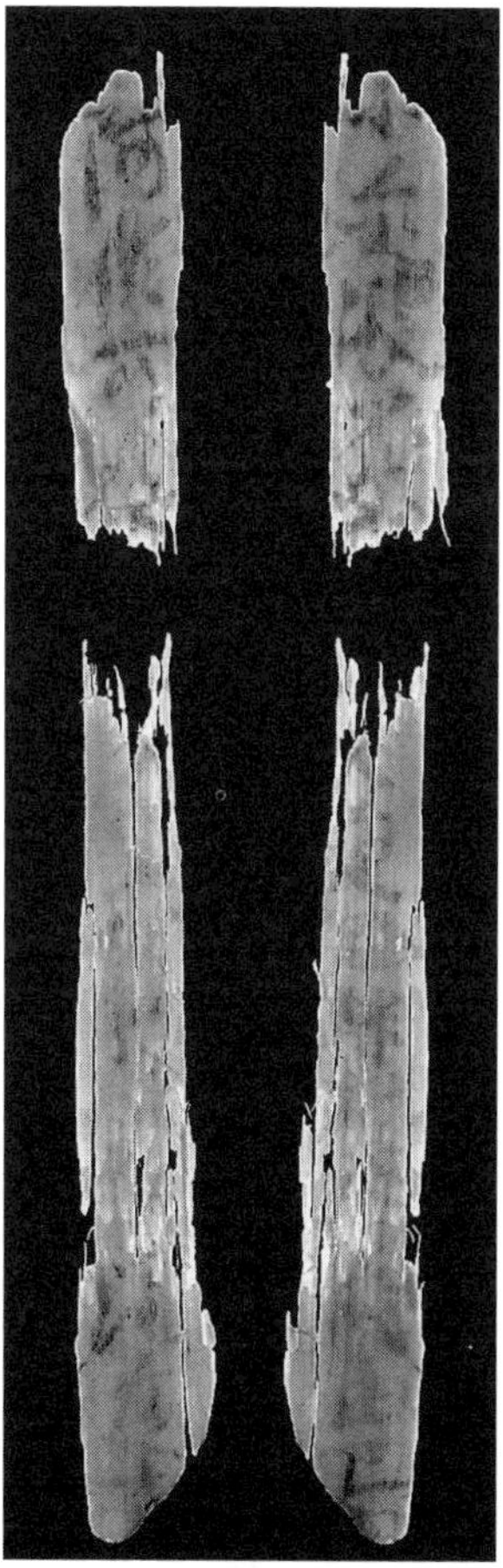

あさかやま木簡
（甲賀市教育委員会提供）

た七四〇年代は、橘諸兄（葛城王）の勢力の絶頂期であるが、その時期にすでに安積山の歌がかなり広く流布していたようである。安積山という陸奥の山を詠み込んだ歌であるので、陸奥での宴席のエピソードを含めて人々に知られたのであろうから、葛城王を批判するというよりは、葛城王自身によって広められた可能性が高い。葛城王がユーモアを好む人物であったことを推測させる。五世王で皇親のなかでは血統的には有力とはいえない葛城王が出世した要因の一つに、そのような性格があったのだろう。

3 催造司監

催造司における葛城王の職掌

天平二年九月、葛城王は小野牛養とともに催造司監に任じられた。催造司は聖武天皇即位の直後の神亀元年三月に設置された官司で、聖武天皇のための諸施設を造営することに関わって設けられたのだろう。平城宮の造営にあたる令外官司《りょうげのかんし》として造宮省《ぞうぐうしょう》が奈良時代を通じて存在しており、また造薬師寺司《ぞうやくしじし》（『続日本紀』大宝元年〈七〇一〉六月壬子《じんし》〈一一日〉条、養老三年三月辛卯《しんぼう》〈二一日〉条など）、造興福寺仏殿司《ぞうこうふくじぶつでんし》（同養老四年一〇月丙申《へいしん》〈一七日〉条）など寺院造営にあたって個別の官司が設けられ、天皇の行幸にあたっては造行宮司《ぞうあんぐうし》（同養老元年二月辛卯〈二〇日〉条）、造離宮司《ぞうりきゅうし》（同神亀元年一〇月壬寅《じんいん》〈一六日〉条）などもそもそも令制官司として造営工事を担当する木工寮《もくりょう》もある。催造司は名称から推察するに諸種の造営を統括、調整するような機能を持ったと思われる。

天平二年に葛城王や小野牛養という有力貴族が催造司監に任じられたのは、光明立后にともない皇后のための諸施設を造営することがあったのだろう。催造司監は催造司の長官と考えられているが（新日本文学大系『続日本紀』二など）、『続日本紀』天平四年二月乙《おつ》未《び》（二二日）条に「中納言従三位兼催造宮長官知河内《ちかわち》和泉《いずみ》等国事《とうこくじ》阿倍朝臣《あそん》広庭薨《こう》ず」とあり、「催造宮長官」は「催造長官」とする写本も多く、催造司の長官と見られる。前にも見たように『公卿補任』天平八年条には「従三位行左大弁兼侍従左右馬・内匠・催造監葛城王」とあり、葛城王は天平八年にも催造監であり、小野牛養も天平六年五月一日の造仏所作物帳《ぞうぶつしょさくもつちょう》に「大夫従四位下兼催造監勲五等小野朝臣牛養」とあり（『大日本古文書』一巻五五三頁）、皇后宮大夫兼催造監として興福寺の金堂《こんどう》造営に携わっている。催造監は催造司長官とは別の立場であり、催造司長官の阿倍広庭は中納言で、葛城王や小野牛養より格上である。馬寮監や内匠寮監の場合と同様に、天皇や皇后と密接に関わる事項を担当するために四等官とは別枠で設けられたのが催造司監なのであろう。そして小野牛養は皇后宮職大夫の兼任であるので主に皇后との関わりであり、葛城王は侍従と兼任なので天皇と関わる部分を担当したのだろう。

4　参　議

議政官の不足と適任者の推挙

天平三年八月五日、諸司の主典《さかん》以上が内裏に集められて、「太政官の公卿らが死亡したり、老年となっているので、それぞれが知るところの適任者を推挙せよ」との詔が伝えられた。この年七月に大納言大伴旅人が亡くなり、前年九月に大納言多治比池守が亡くなっている。中納言阿倍広庭は『懐風藻《かいふうそう》』によればこの年七三歳で、老年にあたる。この時点の参議以上で現役といえるのは、大納言藤原武智麻呂と参議藤原房前の二人だけで、あとは二年前の長屋王の変に際して権参議とされた多治比県守と大伴道足であった。明らかに議政官の人数が不足していた。

参議就任

そして、二日後の七日に主典以上三九六人が推薦する人の名をあげ、それをうけて一一日に式部卿《しきぶきょう》藤原宇合、民部卿《みんぶきょう》多治比県守、兵部卿《ひょうぶきょう》藤原麻呂、大蔵卿《おおくらきょう》鈴鹿王、左大弁葛城王、右大弁大伴道足の六名が参議に任じられた。葛城王は参議となったのである。

多治比県守と大伴道足は権参議からの昇格で、また死去した多治比池守と大伴旅人に代わる多治比・大伴氏からの補充といえるが、新たに任じられた四名は藤原氏二人と皇親二人であった。大納言藤原武智麻呂を筆頭に、参議以上九人のなかに藤原不比等の四名の子が列する藤原武智麻呂政権あるいは藤原四子政権といえるものが成立した。

武智麻呂政権の特徴

この政権でもう一つ注目されるのは、皇親から鈴鹿王と葛城王の二名が参議となっていることである。それに議政官の枠外だが、長老ともいうべき知太政官事《ちだじょうかんじ》の舎人親王、知五衛及授刀舎人事《ちごえおよびじゅとうとねりじ》あるいは大将軍とされる新田部《にいたべ》親王がいて、皇親が主要な地位を占めていた。多治比県守も宣化《せんか》天皇の末裔《まつえい》であるので、旧来の伝統的豪族で参議以上となっているのは大伴道足が唯一であり、聖武天皇と光明皇后を頂点にした藤原氏と王族による政権ともいえる。

参議となった六名は、左右の大弁と八省の長官であり、その現職からすれば順当なものであろうが、氏族的には片寄ったものになるので、それに対する批判や不満を和らげるために官人たちの推挙という手続きを踏んだのであろう。それは、この藤原武智麻呂政権の基盤が不安定であったことの反映でもある。藤原武智麻呂政権下では、中央政府の強化のためにさまざまな政策がとられることになった。

五　藤原武智麻呂政権の政策

詔の発布

藤原武智麻呂政権は、国内では治安維持を重視した。天平二年九月に京と諸国に、盗賊などの取り締まりを命じる詔を発した。この詔では、安芸《あき》・周防《すおう》国で死者の霊魂を祀って多くの人々を集めていることや、京の東の山の麓で妖しい言葉で人々を惑わしていることが、取り締まりの対象として特に挙げられている。京の近くのことは、行基《ぎょうき》とその集団の活動と考えられる。行基集団に対しては、翌天平三年八月に適法に修行する六一歳以上の男と五五歳以上の女の出家を認める方針を示した。そのかわりに路上での托鉢を厳しく禁じて、懐柔と弾圧を併用する現実的な対応策を採用した。

惣管と鎮撫使の設置

天平三年一一月、畿内の惣管《そうかん》と諸道の鎮撫使が置かれた。畿内惣管は大惣管に新田部親王、副惣管に藤原宇合、鎮撫使では山陽道《さんようどう》鎮撫使に多治比県守、山陰道《さんいんどう》鎮撫使に藤原麻呂、南海道《なんかいどう》鎮撫使に大伴道足が、それぞれ任じられた。畿内大惣管の新田部親王は別格として、副惣管の藤原宇合と鎮撫使の三名は、八月に参議になった人物である。西海《さいかい》道《どう》が任じられていないのは、九月に大納言の藤原武智麻呂が大宰帥《だざいのそち》を兼ねたからだろう。鎮撫使の職掌は、盗賊などの断罪、国司・郡司《ぐんじ》の行政状況監督、前年の詔で命じた取り締まりの強化である。畿内と西国で社会不安が大きかったようである。

節度使の設置

天平四年八月、鎮撫使に代えて新たに諸道節度使が置かれた。東海《とうかい》・東山道節度使が藤原房前、山陰道節度使が多治比県守、西海道節度使が藤原宇合であった。この節度使に対して、管内での兵器や馬牛の移動禁止、軍団の幕や釜の修理、兵士の充足、軍船の造営などを指示している。節度使が置かれた地域が東海・東山道と西日本の山陰道と西海道であるから、節度使設置は国内の治安維持だけでなく、蝦夷《えみし》と新羅《しらぎ》に対する戦争に備えるものであったと考えられる。

対新羅情勢

新羅との関係では、『三国史記《さんごくしき》』新羅本紀《ほんぎ》によれば、この前年の天平三年に日本国の兵船三〇〇艘が海を越えて新羅の東辺を襲い、新羅王は出兵して撃退したという。このことは『続日本紀』には見えないので、日本の政府による出兵ではなかったかもしれないが、新羅と日本の関係は険悪なものとなっていた。天平四年には、新羅と日本からそれぞれ使者が往来したが、緊張は解けず、節度使による軍事強化策がとられたのである。

節度使は天平六年四月に停止され、健児《こんでい》・儲士《ちょし》・選士《せんし》などの兵力は国司の管理下に置いた。天平七年二月には、来朝した新羅使に対して、国号を王城国《おうじょうこく》と改めたことを咎めて帰国させ、強硬姿勢を示した。また天平八年に派遣した遣新羅使が翌天平九年二月に帰朝して、新羅の無礼を報告し、そのことについて官人を内裏に召して意見を求めている。そのなかには兵を起こして征伐すべしとする強硬意見もあり、神社に奉幣《ほうべい》して加護を祈るなど、新羅に対する戦争の準備がすすめられた。しかし、その後まもなく藤原四兄弟はじめ上級貴族が相次いで疫病で死亡し、戦争準備は立ち消えとなっていった。

対蝦夷情勢

蝦夷との関係では、天平五年一二月に出羽柵《でわのさく》を秋田村に遷し（のちの秋田城）、出羽国の内陸部に新たに雄勝郡《おがち》を建てるなど支配拡大の積極策がとられた。さらに天平九年正月には、雄勝を経て陸奥と出羽を結ぶ直路を通すために、藤原麻呂を持節大使《じせつたいし》とする使節を派遣したが、この道路建設は難航し、四月には蝦夷を懐柔《かいじゅう》する方向に転じ、その後は疫病流行などで、しばらく東北地方の経営に関する動きは見られなくなる。

遣唐使派遣と戒師招請

新羅や蝦夷に対する敵対的な姿勢は、中央政府への権力集中の意味合いがあったが、同じ時期に遣唐使《けんとうし》の派遣も行われた。天平四年八月に、遣唐使の大使に多治比広成《ひろなり》、副使に中臣名代《なかとみのなしろ》が任じられ、翌五年四月に難波津を出発した。この遣唐使に随行した栄叡《えい》・普照《ふしょう》は戒律の師を招請《しょうせい》する任務を帯びていて、道璿《どうせん》に日本に渡る承諾を得た。栄叡《えい》らは、さらに唐にとどまって戒律の師を探し求め、鑑真《がんじん》に出会って日本に渡ることを要請したが、鑑真らが苦難の末に渡来したのは、次の遣唐使のときであった。栄叡・普照が戒師招請を任務としたように、聖武天皇や光明皇后の仏教への傾倒はすでにこの段階から強かったのである。

遣唐使一行は天平六年から八年にかけて帰国したが、その際に道璿だけでなくインド僧菩提僊那《ぼだいせんな》、ペルシャ人李密翳《りみつえい》などをともなっていた。平城京に豊かな国際性がもたらされることになったのである。長期間唐に留学していた玄昉《げんぼう》と下道真備《しもつみちのまきび》（後の吉備真備）が帰国したのもこのときであった。真備と玄昉は、こののち朝廷から重用され橘諸兄の政権にも大きな影響を与えることになる。

難波宮の整備

国内の政治では、難波宮《なにわのみや》の整備が行われた。難波は瀬戸内海の海上交通の重要拠点であり、大化《たいか》期に都とされたのをはじめ、天武天皇のときには副都《ふくと》とされた。八世紀にも歴代の天皇がしばしば難波宮に行幸している。大宝令で津《つ》国に摂津職《せっつしき》が置かれたのも難波宮が所在するからであった。貴族らも、難波宮付近にそれぞれの拠点を持っていたと考えられる。聖武天皇も即位後まもない神亀二年一〇月に行幸し、神亀三年一〇月の行幸に際しては藤原宇合を知造難波宮事《ちぞうなにわきゅうじ》に任じ、造営・整備を進めた。天平四年三月に藤原宇合以下に禄《ろく》が与えられているので、その頃には造営がほぼ完成したようである。

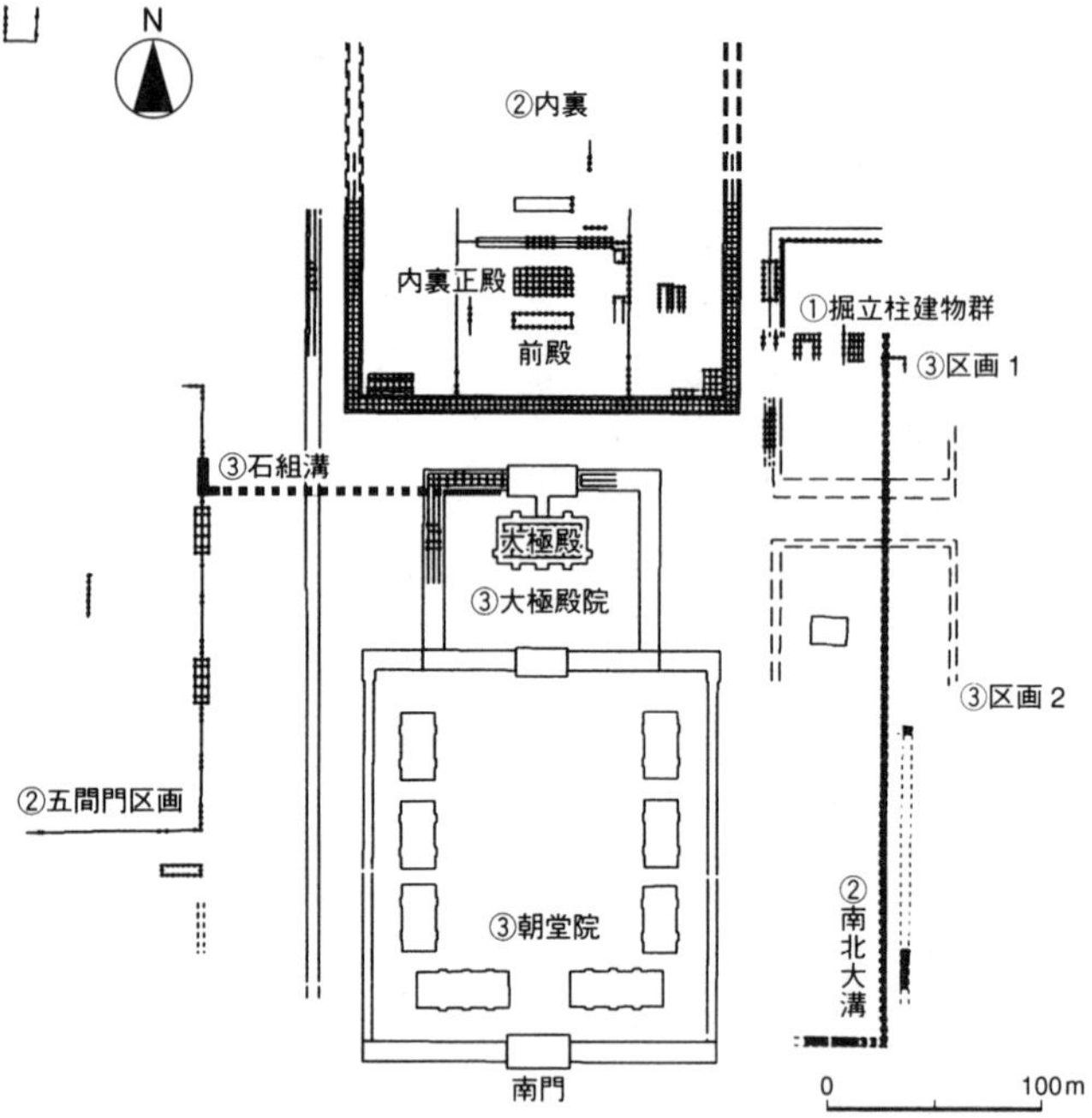

後期難波宮の復元図
（積山洋『東アジアに開かれた古代王宮・難波宮』新泉社より）

難波宮の中枢部は大阪城の南に位置し、七世紀の前期難波宮の遺構と八世紀の後期難波宮の遺構とが重なっていて、後期難波宮では内裏の一部と大極殿《だいごくでん》・朝堂院《ちょうどういん》が確認されている。朝堂院は平城宮より少し狭く、八堂からなっている。宮の位置は上町《うえまち》台地の北辺近くで、京は台地上に南北に長く四天王寺《してんのうじ》の南まで広がっていたと推定されている（積山洋『東アジアに開かれた古代王宮・難波宮』）。

そして天平六年九月に、官人らに難波京に宅地が班給された。首都である平城京に対する副都として整えたことになる。あるいは難波京を首都とすることを構想していたのかもしれない。それは新羅との戦争準備など、積極的な外交姿勢にも対応したことでもあった。

浮浪人の措置

民衆支配では、天平八年二月に、浮浪人《ふろうにん》で本貫地《ほんがんち》が不明な者について、それまで現住地で戸籍に付けていたのを改めて、名簿（浮浪人帳）に載せて調庸《ちょうよう》・雑徭を課すこととしたた（『類聚三代格』）。公民支配から離脱した存在である浮浪人を、強引に公民に編成し直すのではなく、浮浪人として把握することとして、現実に応じた支配を行う方向に転じたのである。律令の原則を墨守するよりも、現状に即した対応をとるという政策基調の大きな変化であった。

国司の権限拡大

地方行政に関する整備も行われた。天平六年正月、国司に対する借貸稲《しゃくたいとう》の額が、国の等級に応じて定められた。借貸とは無利息の貸し付けで、国司はこれを有利子の出挙《すいこ》に貸し付けて、その利息を自分の収入とするもので、実質的に国司の給与となる。国司の給与として律令に規定されているのは職分田《しきぶんでん》だけで、それでは不十分なので、借貸は以前から行われていた。その額を規定することで、国司の待遇を整えたのである。

また同月に、駅起稲《えききとう》を除く種々の官稲《かんとう》を正税《しょうぜい》に一本化する命令が出された。諸国の財政は稲の公出挙《くすいこ》を財源としたが、これまでは郡稲《ぐんとう》・公用稲《くようとう》・官奴婢《かんぬひ》食料稲《しょくりょうとう》など用途別に区分されていた。それを一本化して、用途による配分は国司の裁量に委ねることにしたのである。地方行政における国司の権限が拡大されたのである。

地方にまで伸びる中央権力の基盤

その一方で、天平七年五月に、郡司の任用に関して国司が選んだ候補者(国擬《こくぎ》)のほかに譜第重大《ふだいじゅうだい》の人や能力に優れた人を式部省《しきぶしょう》に送ることを命じている。これは、一見すると、複数の候補者から式部省が選考するので、国司の権限を弱めたように見える。しかし、国司が選んだ候補者を式部省が覆すとは考えにくい。候補者を複数送らせるのは、郡司を任じるためだけでなく、郡司の銓擬《せんぎ》の機会を利用して、地方豪族や有能な者を式部省が掌握して、中央官人に取り込むことをねらった政策と位置づけられる(中村順昭「八世紀における国の分立と廃止」）。地方行政では国司の権限を強めるいっぽうで、藤原氏と皇親を中心とする政権としては、旧来の畿内豪族や官人氏族だけでなく地方豪族にまで権力の基盤を広げることをねらったものと評価できる。

六　橘宿禰諸兄

母三千代の死

天平四年正月、葛城王は正四位下から従三位に二階級昇進した。同日に鈴鹿王も正四位上から従三位となったが、葛城王は位階の面で鈴鹿王と肩を並べることとなった。

天平五年正月一一日、県犬養橘三千代が亡くなった。正三位であったが、光明皇后の母として、葬儀は散位の一位に准じて行うことが命じられた。葛城王は有力な後ろ盾を一つ失うこととなった。

葛城王・佐為王は、母の喪に服したはずで、律令の規定によれば母の喪は一年間と定められている。そして、一二月二八日に舎人親王・藤原武智麻呂・藤原宇合・鈴鹿王・大伴道足といった太政官の有力メンバーが三千代の第《だい》（邸宅）に遣わされて、詔を伝えて従一位が贈られ、あわせてその食封・資人を収めないことが命じられた。約一年の喪が解かれたのだろう。

三千代第の所在地

このときの県犬養橘三千代の第の所在地として、平城京左京一条三坊の東三坊大路に面した十三・十四坪のあたりであった可能性が指摘されている（渡辺晃宏「馬場南遺跡と橘諸兄の相楽別業」）。この付近から出土した瓦が、後述する京都府木津川市神雄寺《かみおでら》跡（橘諸兄の相楽別業《さがらべつぎょう》である可能性がある）と共通すること、天平一四年一一月の文書で、左京一条三坊の戸主《こしゅ》県犬養宿禰忍人《おしひと》やその戸口《ここう》の県犬養宿禰大岡《おおおか》の名がみえる（『大日本古文書』八巻一三八頁）ことなどが根拠である。この推測が正しければ、平城遷都にあたり、藤原不比等が宅地を構えた左京一条二坊に近い一条三坊に、県犬養三千代をはじめ県犬養氏一族が宅地を与えられていたことになる。

生前の三千代の待遇

三千代は死去したときに内命婦《ないみょうぶ》の正三位だったから、令の規定によれば位封《いふ》は六五戸、位分資人は三〇人である。橘宿禰の氏姓を賜るなどの厚遇を受け、死後に従一位を追贈されたことからすれば、ほかに功封《こうふ》などが与えられていたかもしれない。三千代の食封や資人を継承したのは、こののち橘宿禰の氏姓を受け継ぐことになる葛城王らであり、三千代の邸宅も葛城王が継承したのであろう。

『続日本紀』にみえる賜姓希望

葛城王が橘宿禰の氏姓を認められて橘宿禰諸兄となるのは、三千代の死の三年後の天平八年一一月のことである。『続日本紀』天平八年一一月丙戌《へいじゅつ》（一一日）条に葛城王、佐為王らの上表文が載せられている。その上表文には、おおむね次のようなことが述べられている。

(1)去る天平五年に、舎人親王、新田部親王が勅を伝えて「諸王らが姓を賜わって朝廷に仕えることを望んでいると聞くので、王らを召して、その希望を調べよ」と述べられた。

(2)葛城らは、姓を賜わって臣下の籍となる希望を持っていたが、申し出る手だてがなかった。この勅に応じて願い出ることとした。

(3)古くは孝元《こうげん》天皇の曾孫の建内宿禰《たけのうち》が八つの氏の祖となったのをはじめ、多くの王家の子孫が氏姓を与えられてきた。

(4)天武天皇をはじめ持統・元明天皇は徳をもって民を治め、葛城らの母県犬養三千代は、その代々に仕え、和銅元年一一月二五日に忠誠を誉められ橘宿禰の姓を与えられた。しかし跡継ぎがいなければ、その恩恵が失われてしまう。

(5)今、聖武天皇の徳が及び、人民は生活が安らぎ喜んでいる。葛城らは、このときにあたり忠誠を尽くし、厚遇を受けている。橘宿禰の氏姓を受け継いで、元明先帝の恩寵を後世にまで伝えたい。

この上表を受けて、『続日本紀』では同月一七日に詔があって橘宿禰の姓が与えられたことになっている。

『万葉集』にみえる賜姓希望

ところが『万葉集』（巻六、一〇〇九番）では、

冬十一月、左大弁葛城王等の、姓橘氏を賜はりしときの御製《ぎょせい》の歌一首

橘は実さへ花さへその葉さへ枝に霜降れどいや常葉《とこは》の木

（橘は実も花もその葉までもすばらしく、枝に霜が降っても、いよいよ常に緑の木である）

を掲げ、その左注に、

右は冬十一月九日、従三位葛城王、従四位上佐為王等、皇族の高名を辞し、外家の橘の姓を賜はること已《すで》に訖《お》はりぬ。ときに太上天皇、天皇、皇后、共に皇后の宮に在りて以て肆宴《しえん》を為して、即ち橘を賀する歌を御製《つく》りたまひ、幷せて御酒《みき》を宿禰等に賜ふ。或いは云く「この歌一首は太上天皇の御歌なり。ただし、天皇、皇后の御歌　各一首有り。その歌遺落《いらく》して未だ探り求むること得ず」といふ。今案内《あない》を検ずるに、八年十一月九日、葛城王等、橘宿禰の姓を願ひて表を上《たてまつ》る。十七日を以て、表の乞《こい》に依りて橘宿禰を賜ふ

とあり、一一月九日に橘姓を与えられたことによる宴が皇后宮で開かれたことになっている。『続日本紀』による一一日の上表提出よりも前に宴が開かれていたことになる。もっとも「案内を検ずるに」として九日に上表提出とあるので、このときの記録の日付に混乱があったようである。『万葉集』では、聖武天皇の歌に続けて一〇一〇番では橘奈良麻呂の次の歌を載せている。

奥山の真木の葉凌《しの》ぎ降る雪の降りは益すとも地に落ちめやも

〈奥山の真木の葉を押さえつけるように降る雪がますます降っても、〈橘の葉が〉地に落ちることはないだろう〉

上表文作成の時期

この段階で奈良麻呂はまだ無位であり、その奈良麻呂が宴席に加わっていることから、この宴は皇后宮での身内のものであったのかもしれない。それにしても、公的に賜姓《しせい》を宣言したとみられる一七日よりも前に宴が開かれている不自然さはぬぐえない。

そこで改めて上表文に注目すると、葛城王らが臣籍降下《しんせきこうか》を願ったのは、天平五年の詔がきっかけとなったと述べられているが、それにしては天平八年一一月の上表まで間が開きすぎている。また上表文中には天皇の徳治によって「四民業を安くし、万姓衢《ばんせいちまた》に謳《うた》う」としているが、この天平八年は『続日本紀』一一月甲午《こうご》（一九日）条に「秋稼《しゅうか》頗《すこぶ》

賜姓のねらい

る損なふ」として、京・畿内の田租(でんそ)が免除されていて凶作であったから天皇の徳をたたえる表現が実情を示すとは限らないが、天平八年一一月の上表文としては違和感は残る。上表の文章はもっと前の天平六年か七年に作られた可能性がある。天平六年には四月に大きな地震があり、七年には大宰府管内で疫病が流行するなど、必ずしも安定していなかったが、八年に比べれば状況は悪くなかったのではないだろうか。

　上表文にみえる天平五年の諸王に対する賜姓の希望を問う詔は、『続日本紀』天平五年閏三月戊子(ぼし)(二二日)条の「諸王の飢乏ゑたる者二百十三人、殿の前に召し入れて、各米・塩を賜ふ。詔して、その懶惰(らんだ)を責め、生業を治めしめたまふ」という記事が、それに該当する。諸王に対して、官人として精勤することを求めたものである。それと同時に臣籍降下する者を募ったのだろう。二〇〇人を超える数まで増加した皇親から新しい氏族を作り出して、そこから上級官人を選んで、政府の権力基盤を強化しようとはかり、それに諸王が応じるのを期待したのだろう。

　葛城王は、本人が五世王であり、その子奈良麻呂(この段階では王を名乗っていたはずだが、その名は知られない)は六世で皇親に入らないことが決まっているので、いち早くこれに呼応したが、ほかの諸王からは三年待っても応じる者が出てこなかった。そこで、改めて葛城王・佐為王の橘宿禰の姓を求める上表文を示し、賜姓を祝う宴を開いて、それに続く諸王が出ることを募ったと見られる。実際にこれ以降、諸王から臣籍降下する例は増えていくことになる。

諸兄に改名

葛城王は、橘宿禰の氏姓を与えられるとともに、諸兄という名も新たに与えられた。このとき弟の佐為王が橘宿禰佐為となったように、皇親が賜姓されるときには王としての名を、そのまま名乗ることが多いが、葛城王は橘宿禰葛城でなく、橘宿禰諸兄となったのである。光明皇后の異父兄であり、聖武天皇からしても兄に相当する存在であることを、他の王臣に示す意味を持ったのであろう。聖武を皇太子時代から補佐してきた舎人親王と新田部親王が、この前年の天平七年に相次いで亡くなっており、それに代わる天皇の後見役を期待しての諸兄という名であったと考えられる。

第三　疫病大流行

一　藤原四兄弟の死

猛威をふるう疫病

葛城《かずらき》王が橘諸兄となった天平《てんぴょう》八年（七三六）の前後、日本社会は疫病の被害を受けていた。天平七年八月に大宰府《だざいふ》から疫病による死者が多いとの報告があり、勅《ちょく》によって大宰府管内での神祇《じんぎ》への奉幣《ほうべい》と金剛般若経《こんごうはんにゃきょう》の読経が命じられ、その年の調《ちょう》が免除された。閏一一月には、疫病のため大赦《たいしゃ》も行われている。『続日本紀《しょくにほんぎ》』天平七年是歳条には、「夏より冬に至るまで、天下、豌豆瘡《えんどうそう》〈俗に裳瘡《もがさ》と曰《い》ふ〉を患《や》む。夭《わか》くして死ぬる者多し」とあり、豌豆瘡、裳瘡という病名が記されている。これは、現在の天然痘《てんねんとう》にあたるとされている。

相次ぐ死者

この疫病のためかどうかは不明だが、九月に新田部《にいたべ》親王、一一月には舎人《とねり》親王が相次いで亡くなった。この二人は、ともに天武《てんむ》天皇の皇子で、王族の長老であった。聖武《しょうむ》天皇が「年歯《ねんし》幼稚」とされた皇太子の時代から、その後見役の立場にあり、長屋《ながや》王の変でも、その糾問にあたるなど聖武天皇を支える存在であった。この年には、ほかに一一月に聖武天皇の外祖母賀茂比売《かものひめ》（藤原不比等《ふじわらのふひと》の室。宮子《みやこ》の母）、閏一一月に宮内卿《くないきょう》高田《たかだ》王が亡くなっている。

天平八年には、疫病はいったん収まったようだが、翌九年に入ると、さらに猛威をふるった。正月二六日に遣新羅使《けんしらぎし》の判官《じょう》が帰国して京に入ったが、その記事には大使の阿《あ》倍継麻呂《べのつぐまろ》は対馬《つしま》で死去し、副使の大伴三中《おおとものみなか》は病気のため入京できないことが記されている。このあと、疫病や貴族の死亡に関する記事が相次いでいる。

判明する死者をあげると、四月に参議《さんぎ》藤原房前《ふささき》、六月に散位《さんい》従四位下大宅大国《おおやけのおおくに》、大《だ》宰大弐《ざいのだいに》小野老《おののおゆ》、散位正四位下長田《おさだ》王、中納言《ちゅうなごん》多治比県守《たじひのあがたもり》、七月に散位従四位下大野《おおの》王、参議藤原麻呂《まろ》、散位従四位下百済王郎虞《くだらのこにきしろうぐ》、右大臣《うだいじん》藤原武智麻呂《むちまろ》、八月に中宮大夫《ちゅうぐうのだいぶ》橘佐為《さい》、参議藤原宇合《うまかい》、三品《さんぼん》水主《みぬし》内親王（天智《てんじ》天皇の娘）である。九月以降は流行が収束したようで、死亡記事は見られなくなり、『続日本紀』天平九年是年条には、「是《こ》の年、春に疫瘡《えきそう》大きに発《おこ》る。初め筑紫《つくし》より来りて夏を経て秋に渉る。公卿《くぎょう》以下天下の百姓《ひゃくせい》相継ぎて没死ぬること、勝《あ》げて計《かぞ》ふべからず。近き代より以来、これ有らず」とある。

藤原四兄弟の死

この疫病によって、政権中枢の藤原四兄弟がすべて死去してしまった。とりわけ七月の藤原武智麻呂が病気となったときには、天下に大赦してその平癒を祈り、その二日後に橘諸兄と右大弁紀男人《うだいべんきのおひと》が武智麻呂第に派遣され、正一位・左大臣《さだいじん》が与えられたが、その日に死去した。聖武天皇にとって武智麻呂の存在が重要であったことが分かる。

弟佐為の死

橘諸兄の近親では、八月に弟の橘佐為が没した。中宮大夫兼右兵衛率《うひょうえのそち》、正四位下であった。佐為は諸兄の陰に隠れてあまり目立たないが、聖武天皇が皇太子の時代の養老《ようろう》五年（七二一）に、その教育係的な役割となり、聖武天皇からの信任が厚かった。また娘の古那可智《こなかち》を聖武の室に入れていて、古那可智はこの年二月に無位から従三位となって夫人《ぶにん》に列している。佐為の死後は、諸兄が古那可智の後見者の立場にもなったのだろう。

国を挙げての疫病対策

この疫病流行のなかで、政府は神仏に祈り、恩赦《おんしゃ》を行い、百姓に賑恤《しんじゅつ》するなどの手を尽くしていた。また六月には典薬寮《てんやくりょう》から注意すべき飲食や、服用すべき薬などについての勘申《かんじん》が行われ（『朝野群載《ちょうやぐんさい》』巻二一）、全国の国司《こくし》に対して病状や対処法などを記した太政官符《だじょうかんぷ》が出されている（『類聚符宣抄《るいじゅふせんしょう》』第三）。これらの対策がどれだけ効果をあげたのかは不明だが、典薬寮勘申や太政官符の内容が書き残されて、平安時代後期に編纂された『朝野群載』『類聚符宣抄』に収録されていることから、平安時代にも疫病への対

被害に貴賤なし

処法の模範とされていたことが分かる。

この疫病によって、貴族だけでなく庶民にも大きな被害があった。正倉院文書《しょうそういんもんじょ》に残る天平九年の諸国正税帳《しょこくしょうぜいちょう》の断簡から、公出挙《くすいこ》によって貸し付けた稲の返還免除や未納の状況をもとに三〇〜五〇パーセントの人口減少があったとする推定もある（福原栄太郎「再び天平九年の疫病流行とその影響について」）。国司から中央政府への財政報告書である正税帳の記載なので、国司や郡司《ぐんじ》による数字の操作の可能性や、死亡以外の理由による未納も考えられるが、天平六年以前の正税帳と比較すると返還免除の比率は大きく上昇しているので、全人口の三割以上が死亡したというのは蓋然性の高い推定である。

二　橘諸兄政権の成立

太政官の首班へ

疫病の大流行によって、天平九年正月には八人いた太政官の参議以上のうち、八月までに五人が死去して中納言以上はすべて欠員となり、参議も鈴鹿《すずか》王・橘諸兄・大伴道足《みちたり》の三名を残すのみとなった。このため八月に多治比広成《ひろなり》が参議に加わり、九月に鈴鹿王が知太政官事《ちだじょうかんじ》、橘諸兄が大納言《だいなごん》となり、加えて参議になったばかりの多治比広成が中納言に昇進した。鈴鹿王の知太政官事は、二年前の舎人親王の死去による知太政官事の欠を補うもので、天皇を支える立場となって、大納言橘諸兄が一挙に太政官の首班《しゅはん》となったのである。諸兄は、こののち天平勝宝《しょうほう》八歳に致仕《ちし》するまで約二〇年間にわたって太政官の首班を続けることになる。

新たな藤原氏の筆頭・豊成

同年一二月には藤原武智麻呂の長男豊成《とよなり》が参議に任じられた。豊成はこの年三五歳、二月に従五位上から正五位上、九月に従四位下と急速に位階をあげての参議抜擢である。藤原氏の四兄弟の急逝をうけて、その次の世代の筆頭として藤原氏を代表する立場となった。

新たな参議たち

翌天平一〇年正月、橘諸兄は従三位大納言から正三位右大臣となって太政官の首班としての地位を確かなものとし、さらに天平一一年正月には従二位に昇った。そのほかの太政官の公卿の構成は、中納言が多治比広成、参議が大伴道足と藤原豊成の二人で、まだ人数は不足していた。しかも天平一一年四月には中納言多治比広成が亡くなってしまった。それを補うように同月には、大野東人《あずまひと》、巨勢奈弖麻呂《こせのなでまろ》、大伴牛養《うしかい》、県犬養石《あがたのいぬかいのいわ》次《すき》の四名が新たに参議に任じられた。巨勢氏と大伴氏は旧来からの雄族であるが、大野氏と県犬養氏はこれまで参議以上を出していない氏族である。

大野東人は壬申《じんしん》の功臣果安《はたやす》の子で、神亀《じんき》二年（七二五）閏正月に征夷《せいい》の功によって従四位下を与えられ、その後も陸奥《むつ》鎮守将軍《ちんじゅしょうぐん》として東北経営で多くの功績をあげ、天平三年正月に従四位上に昇っていた。その実績による参議登用であろう。

県犬養石次は系譜は不詳だが、県犬養橘三千代《みちよ》の同族の一人である。養老四年に従五位下になって、弾正弼《だんじょうのすけ》、右衛士佐《うえじのすけ》、右少弁《うしょうべん》、少納言《しょうなごん》を歴任したが、あまり顕著な功績は知られない。この年の正月に正五位下から従四位下にあがったばかりで、官職も式《しき》部大輔《ぶたいふ》であった。この直前に式部卿の多治比広成が亡くなっているため、実質的には式部省のトップではあったが、八省《はつしょう》の次官で参議となるのは異例である。同じ従四位下では、神祇伯《じんぎはく》中臣名代《なかとみのなしろ》、左大弁《さだいべん》石上乙麻呂《いそのかみのおとまろ》、大宰大弐高橋安麻呂《たかはしのやすまろ》などもいたが、それらを超えての参議任用で、聖武天皇夫人の県犬養広刀自《ひろとじ》とのつながりによる抜擢であったかと思われる。

登用にみる人事の特徴

また大伴牛養の参議登用によって、大伴氏から道足と牛養の二人が参議に並んだ。参議以上の議政官《ぎせいかん》が、有力氏族の代表であるという側面よりも、個人の功績や天皇との結びつきが重視されるようになってきたことを示している。そのことは天皇の専制的な権力を強めることになるが、いっぽうで有力氏族のなかに不満をもたらすことも予想される。それにどのように対処するかが太政官首班としての橘諸兄にとっての課題となる。

王族への叙位

疫病流行後の人事として、もう一つ着目されるのは、天平九年九月二八日に橘諸兄が大納言となったのと同じ日に行われた多くの王族・貴族に対する叙位である。この日に無位《むい》の白壁《しらかべ》王と道祖《ふなど》王に従四位下が与えられた。

白壁王は、施基《しき》親王の子、天智天皇の孫で、のちの光仁《こうにん》天皇である。和銅《わどう》二年（七〇九）生まれで、すでに二九歳であった。道祖王は、新田部親王の子、天武天皇の孫である。のちには聖武太上《だじょう》天皇の期待が大きく、その遺言によって皇太子に立てられたが、孝《こう》謙《けん》天皇の不興を買って皇太子を廃され、さらに橘奈良麻呂《ならまろ》の変に関わって拷問をうけて死んでしまう。対称的な結果になる二人の王が貴族社会に登場してきたのである。

また道祖王の兄の塩焼《しおやき》王（のちの氷上《ひがみの》真人《まひと》塩焼）は、これ以前の天平五年に従四位下となっていた。塩焼王は聖武天皇の皇女不破《ふわ》内親王を妻とし、天皇の期待を受けていたが、天平一四年に天皇の怒りを買って流罪《るざい》となった。その後復活するが、たびたびの政争に巻き込まれ、藤原仲麻呂《なかまろ》の乱に関与して斬殺された。これら、聖武天皇より少し若い世代の有力な皇親が台頭しはじめたのである。

長屋王の子女たちの叙位

同じく天平九年九月二八日には、長屋王の子安宿《あすかべ》王（母は藤原不比等の娘）が無位から従五位下となった。安宿王は長く無位のままであったが、一ヶ月もたたない一〇月二〇日に従四位下に昇った。そして同日には、同じく長屋王の子女である黄文《きぶみ》王が無位から従五位下、円方《まどかた》女王・紀《き》女王・忍海部《おしぬみべ》女王が従四位下に叙されている。長屋王の子女がまとめて叙位されたのは、長屋王の名誉回復の意味を持つとみられる。それが、この時期に行われたのは、疫病流行が長屋王の祟りであるとする考えが背景にあったと思われる。そして聖武天皇がこの名誉回復を行うことで、皇親や貴族らの結集を図ったとみることができる。

長屋王の臣下による報復

この翌年の天平一〇年七月に、もと長屋王に仕えていた大伴子虫《こむし》が長屋王を密告した中臣宮処《みやこ》東人《あずまひと》を斬殺する事件がおこった。『続日本紀』には「東人は長屋王の事を誣告《ぶこく》せし人なり」とあり、長屋王が国家を傾けようとしているという密告が「誣告」、すなわち偽りの訴えであったという認識が示されているが、これは『続日本紀』が編纂された八世紀末になってあらわれた認識でなく、この事件がおきた天平一〇年にすでにあったのだろう。

三　阿倍内親王の立太子

宮子の治癒

　また、疫病がようやく収まった天平九年一二月、長らく病気に苦しんでいた皇太夫人藤原宮子が治癒した。『続日本紀』によれば、宮子は「幽憂《ゆうゆう》に沈み、久しく人事を廃《や》む」とあり、鬱病のような状態であったらしい。聖武天皇を生んでから、親子の対面もなかったが、玄昉《げんぼう》がひとたび看病すると快癒して天皇と会うことができたという。『続日本紀』の記述には誇張があるかもしれないが、玄昉に褒賞が与えられ、中宮職《ちゅうぐうしき》の官人《かんじん》に位階が与えられているので、病気快癒は事実であろう。このときに下道真備《しもつみちのまきび》は中宮亮《ちゅうぐうのすけ》として従五位下から従五位上となった。

玄昉が受けた厚遇

　玄昉は天平八年二月に封戸《ふこ》一〇〇戸、田一〇町、扶翼童子《ふよくどうじ》八人を与えられ高い待遇を得ていた。天平九年八月には僧正《そうじょう》に任じられ、同日に少僧都《そうず》から大僧都となった良敏《りょうびん》や律師《りっし》の道慈《どうじ》を飛び越えて、一気に僧綱《そうごう》のトップに立っていた。玄昉の没伝では「内道場《ないどうじょう》に安置され、これより後、栄寵《えいちょう》が日に盛んとなった」とあり（『続日本紀』天平一八年六月己亥《きがい》〈一八日〉条）、内道場は宮中の仏事を行う場所と考えられ、聖武天皇の近くに仕えたことが知られる。また宮子を治療した場所が皇后宮であるので、光明《こうみょう》皇后からの信任を得ていたことも分かる。

真備の昇進

下道真備は、留学から帰国後、天平七年四月に唐礼《とうらい》・大衍暦経《たいえんれききょう》などの書物、銅律管《どうりつかん》などの楽器、弓・箭《や》などを献じた。このときの肩書きは遣唐留学生《るがくしょう》従八位下とあり、その後まもなく正六位下に昇進し、大学助《だいがくのすけ》となり、翌八年正月に外従五位下、九年二月に従五位下になっている。この急速な昇進は、唐での留学による多彩な知識によるものだろう。中宮亮になった時期は不詳だが、中宮大夫の橘佐為は、この年八月に死去していたから、真備が実質的に中宮職の責任者であった。

聖武天皇と光明皇后の玄昉と真備に対する傾倒は、この宮子の治癒によって大いに深まったと考えられる。玄昉と真備は橘諸兄政権のブレーンとして評されることが多いが、この二人が抜擢されたのは諸兄が政府首班となるよりも以前のことである。諸兄のブレーンである以上に、天皇・皇后の側近として位置づけられる。

初の女性立太子

翌天平一〇年正月、阿倍内親王が皇太子に立てられた。阿倍は聖武天皇と光明皇后の間の娘で、このとき二一歳、前例のない女性皇太子である。一〇年前に光明子が皇后に立てられたのは、皇后が皇子を生むことを期待してのことだったようだが、その見込みが薄くなったことや、疫病流行によって聖武天皇自身も不安があったための皇嗣決定だったのだろう。ただし、前年二月に夫人として藤原武智麻呂の娘と、房前の娘に正三位、また県犬養広刀自と橘古那可智に従三位を与えているので、それら夫人に皇子が誕生する期待は残していたのだろう。

聖武天皇には、県犬養広刀自との間に、まだ一〇歳余りとはいえ、安積《あさか》親王がいる。また有力な皇親として、塩焼王と道祖王が成人して叙位されている。そのような候補者がいるなかで、政治的能力も未知数である阿倍内親王の立太子であるから、母である光明皇后の意向が大きかったのだろう。光明皇后が、天皇の判断を左右する力を持っていたことがうかがえる。

立太子における諸兄の意向

この立太子に橘諸兄は協力的な立場であったようで、立太子と同日に大納言従三位から右大臣正三位となった。夫人の橘古那可智は弟佐為の娘であり、諸兄は古那可智の後見者的な立場でもあったのだろうが、古那可智にはまだ皇子はいない。また県犬養広刀自は母三千代の同族であり、安積親王を支援する道もあっただろうが、有力貴族とはいえない県犬養氏所生の皇子に肩入れすることは、ほかの貴族らの反発を招きかねない。異父妹の光明皇后と連携して阿倍内親王を支えるのが、諸兄にとって最も無難な選択だったのだろう。
光明皇后からすれば、武智麻呂ら異母兄弟が死去したので、異父兄の諸兄がもっとも近い血縁者である。太政官の首班となった諸兄の協力を得ることは光明皇后にとって不可欠のことであったろう。皇后と諸兄の連携による立太子と、その後の政権運営であったと考えられる。

春宮坊の整備

立太子にともない、春宮坊《とうぐうぼう》の組織が整えられたはずである。その任官記事は見られないが、翌天平一一年四月二一日に巨勢奈弖麻呂が春宮大夫《とうぐうのだいぶ》として参議に任じられているので、おそらく奈弖麻呂が当初から春宮大夫であったのだろう。古来の雄族である巨勢氏から春宮坊の長官を迎え、その奈弖麻呂を参議に登用したところに、皇后と諸兄の政治的判断をみることができる。

四　疫病後の政策

国号改変

疫病流行のなかで成立した橘諸兄首班の政権にとって、まず取り組まねばならない課題は、疫病の被害への対応であった。この頃には、災害は君主の徳が不足した表れであるとする考えが強かった。そこで、天皇の徳を示し、善政を行うことが災いに対する方策となった。天平九年一二月に大倭国《やまとのくに》の表記を改めて大養徳国とした。これは表記のうえで天皇の徳を示そうとしたものだが、形のある善政としては農民の負担軽減があった。

困窮者への対応策

天平九年九月に私出挙《しすいこ》禁止の詔《みことのり》が発令された。私出挙は大宝令《たいほうりょう》でも利率を年に一〇割を上限として公認されていた。和銅四年には利率を五割に制限するなど変更があったが、ここで全面的な禁止となった。この詔では、百姓が困窮する最大の原因は私出挙にあるとしていて、農民の困窮に対する救済策である。

私出挙禁止は、それによって利益を得ていた中央・地方の豪族らにとっては収入が減じることになる。それに対する代償措置とみられるのが、天平一一年五月に行われた封戸の田租《でんそ》についての変更である。それまで封戸から出される田租のうち封主《ふしゅ》の取り分が半分であったのを、すべて封主に与えることにした。封戸を与えられるのは位階では四位以上であり、上級貴族らに不満が高まることを抑えたと考えられる。

また、天平九年一〇月には左右京職《さうきょうしき》の徭銭《ようせん》が停止された。徭銭は雑徭《ぞうよう》のかわりに銭を納めさせる制度で、銭貨の流通促進の目的もあって、左右京で行われていた。京内の造営工事などには徭銭で集めた銭をもとにして、人夫を雇役してまかなったのである。

銭を十分に集められない庶民にとっては、徭銭は大きな負担となる。疫病による疲弊が大きかった京の困窮者に対する対応策である。

防人・健児の停止

私出挙禁止と同じく天平九年九月に、諸国から送られる防人《さきもり》を停止して本貫地《ほんがんち》に帰し、壱岐《いき》・対馬の防備には筑紫（西海道《さいかいどう》諸国）の人をあてることにした。防人の多くは東国からのものであったから、東国農民への負担軽減をはかったものである。ただし、それに代わる西海道諸国では防人の負担が増えることになった。

それと関連して、天平一〇年五月には諸国の健児《こんでい》が停止された。この時期の健児について詳細は不明だが、天平六年の節度使《せつどし》設置にともなって置かれたものである。節度使は新羅との戦争に備えたものであるから、健児の廃止も新羅に対する強硬策を転換したことになる。対外的な緊張を高めることによって中央政府の権力集中をはかる余裕がなくなっていたのであろう。

兵士停止とそのねらい

天平一一年五月には、三関国《さんかんこく》と陸奥・出羽《でわ》・越後《えちご》と長門《ながと》、大宰府管内を除く諸国の兵士をしばらく停止すると命じられ（『類聚三代格《るいじゅさんだいきゃく》』）、それにともない、六月には諸国の兵庫《ひょうご》は白丁《はくてい》を点じて守らせることとした。この兵士停止は一時的なもので、天平一八年一二月には兵士が復活している。七年という期間であったことからも、この兵士停止が疫病による百姓の疲弊に対する施策であったことが分かる。

兵士の停止は、兵士となっていた人びとを一般の正丁《せいてい》に戻すことであり、正丁として調・庸《よう》・雑徭の負担を課されることになる。兵士は庸と雑徭が免除であったので、兵士の停止は全体として庸・雑徭を負担する人びとを増やすことになる。雑徭は国司のもとでの力役だが、庸は中央政府の収入となる。疫病による人口減少に対して、租税収入を確保するための施策としても位置づけることができる。

そして、兵士停止で不足する諸国の兵庫の警備には白丁を点じてあたらせることを命じた。この白丁とは、雑徭で徴発する人々をさす。国府《こくふ》・郡家《ぐうけ》の地方行政の雑務に、白丁を国郡雑任《ぞうにん》として編成することは、これ以前から行われていたが、それを警備にも拡大したのである。

郡司の定員削減

地方行政では、天平一一年五月に郡司の定員の削減が行われた。その内容は、大郡で主政《しゅせい》・主帳《しゅちょう》各二人、上郡で主政・主帳各一人、中郡で主政一人の減員であった。郡司のなかで、人民に対する支配力を期待されて伝統的豪族から任用された大領《だいりょう》・少領《しょうりょう》にくらべて、主政・主帳は実務を担当する職で事務処理能力が期待される存在であった。律令による文書行政が進展するなかで、主政・主帳による事務処理の必要性は高くなっていたはずである。しかし、そのような事務処理を、正規の郡司よりも田領《でんりょう》・税長《ぜいちょう》や国書生《くにしょせい》など国郡雑任を組織して行うことを重視したのであり、行政担当者の編成について国司の裁量を大きくしたものである。

郷里制廃止

同じようなことは、天平一一年末頃に行われた郷里制《ごうりせい》の廃止にも見ることができる。大宝律令による地方行政区分は、国・郡の下に五〇戸で構成する里が置かれていたが、霊亀《れいき》三年（七一七）に里を郷と改めて、郷の下に二～三の里を置く郷里制が採用され、それとともに戸の編成も五〇戸の単位となる郷戸《ごうこ》の下に房戸《ぼうこ》を置いた。これは戸籍・計帳《けいちょう》による人民把握を強化しようとしたものだった。しかし、民衆の移動、浮浪・逃亡や偽《ぎ》籍《せき》などにより、それを貫徹することは困難だったのだろう。そこで、郷の下の単位である里を廃して、各地域の末端の編成まで中央が指示するのでなく、国司に委ねることとしたのである。

地方行政の財政面でも、駅起稲《えききとう》が天平一一年六月に正税に混合された。藤原武智麻呂政権下で雑官稲《ざつかんとう》が正税に一元化されていたが、それを拡大し、国司の権限を強化したのである。

官人の確保と養成

中央官司に関しては、官人制の維持、官人の確保の施策がみられる。疫病によって中下級官人にも死者は多かったと思われる。官司の実務にあたる官人の確保が課題となる。天平九年一〇月、散位の続労銭《しょくろうせん》（勤務する代わりに銭を出させて勤務成績とする制度）を停止した。散位に上番させて、官司の人員を確保しようとしたのだろう。

また天平一一年八月には、式部省の蔭子孫《おんしそん》と位子《いし》を年齢にかかわらず大学に入学して学問させることとした。蔭子孫は五位以上の子孫、位子は六位から八位の嫡子で、式部省に所属するいわば官人予備軍である。それらを大学に入学させて官人としての素養を身につけさせようとしたのである。これが実際に効果を上げたかは不明だが、官人制を強化しようとする方向性はうかがえる。

銭の流通

なお、徭銭の停止や続労銭の停止は銭の流通を後退させるような政策であるが、天平九年一一月には鋳銭司《じゅせんし》の史生《ししょう》を増員していて、銭の発行自体は拡大させている。政府が鋳造する銭で雇役を行って労働力を集めることは続けられていたのである。疫病による民衆の疲弊に対処して、対外関係よりも国内政治を優先し、中央・地方の官司の行政機能を確保しようとしたのが、この時期の橘諸兄政権の政策基調であった。

五　橘諸兄の相楽別業

神宝奉献

天平一〇年五月、橘諸兄は神祇伯中臣名代らとともに、伊勢神宮《いせじんぐう》に神宝を奉る使いとなった。この神宝奉献は、疫病がおさまったことに対する奉賽《ほうさい》と思われる。また『東大《とうだい》寺要録《じようろく》』本願《ほんがん》章第一には国分寺《こくぶんじ》造立から大仏造立に至る過程のなかでこの神宝奉献の記事が記されているので、大仏造立につながる仏教への帰依に対する神の加護を伊勢神宮に祈ったのかもしれない。右大臣と神祇伯の高官が勅使となっているのは、それだけ疫病の疲弊が大きかったことと、天皇の伊勢神宮に対する崇敬が高まっていたことをうかがわせる。

宴における諸兄の交友関係

天平一〇年八月二〇日に、諸兄は自邸で宴会を開いた。長門守巨曾倍対馬《こそべのつしま》や右大弁高橋安麻呂、阿倍虫麻呂《むしまろ》、文馬養《ふみのうまかい》などが参加した（『万葉集《まんようしゅう》』巻六、一〇二四～二七番、巻八、一五七四～八〇番）。この宴席で、長門守巨曾倍対馬の歌、

長門なる沖つ借島《かりしま》奥まへて我が思ふ君は千歳《ちとせ》にもがも

（長門にある沖の借島のように、奥深くまで私が思う君は千歳までいてほしい）

に和して、諸兄は、

奥まへて我を思へる我が背子《せこ》は千歳五百歳《いおとせ》ありこせぬかも

（心の深くまで私を思ってくれるあなたは、千年五百年も命があってほしいものだ）

の一首を詠んでいる。宴席の歌とはいえ、「我が思ふ君」「我が背子」と呼び合う親しい関係を築いている。

高橋安麻呂は、

橘の本に道踏む八衢《やちまた》に物をそ思ふ人に知らえず

（橘の下には八方に踏み出す道が開けているように、あれこれ物を思っている。人に知られずに）

と、豊島采女《としまのうねめ》の作という一首を披露した。歌自体は橘諸兄を讃えているわけではないが、橘の木を讃えることで、間接的に諸兄を讃えたものだろう。諸兄の勢威が高まっていることがうかがえる。また諸兄は、豊島采女の作である、

ももしきの大宮人《おおみやびと》は今日もかも暇《いとま》をなみと里に出でざらむ

（宮仕えをする官人は、今日もまた暇がないといって、里に下がってこないのでしょうか）

の一首を詠じているので、この宴席にあまり多くの人は集まらなかったのかもしれない。そのなかでやって来た人々を喜んだもので、この四人は特に諸兄と近かったのかと思わ

れる。

また同年の一〇月一七日には、橘奈良麻呂が諸兄の旧宅で宴会を開き、大伴家持《やかもち》やその弟書持《ふみもち》、一族の大伴池主《いけぬし》、県犬養氏の吉男《よしお》、持男《もちお》などが参加して歌を詠んでいる（『万葉集』巻八、一五八一～九一番）。このときに奈良麻呂はまだ無位で、おそらく内舎人《うどねり》だったのだろう。参加者の大伴家持、県犬養吉男も内舎人で若い貴族子弟が多い。奈良麻呂が大伴家持をはじめ大伴氏や県犬養氏の人々と交流を持っていたことが注目される。橘諸兄と大伴家持との交流もこの頃に始まったのだろう。

宴の場所

宴会の場所が、八月には諸兄の家、一〇月には諸兄の旧宅とあり、諸兄は二ヶ所以上の宅を持っていたのである。そのどちらかは、前述した平城左京一条三坊の県犬養橘三千代を継承した宅だったと思われる。そして諸兄の旧宅と称するのは、子の奈良麻呂がおもに利用していたからかもしれない。

諸兄・奈良麻呂の昇進

天平一一年正月、橘諸兄は従二位に昇進した。正三位で並んでいた知太政官事鈴鹿王を超えて、諸兄は位階でも最上位となった。

天平一二年五月には、聖武天皇が橘諸兄の相楽別業《さがらべつぎょう》に行幸し、宴が設けられ、諸兄の長男奈良麻呂に無位から従五位下の位階が与えられた。

相楽別業はどこにあったか

諸兄の相楽別業については、京都府綴喜《つづき》郡井手《いで》町に井手寺《いでで》跡《ら》があり、諸兄が井手左大臣と号されたこと（『公卿補任《くぎょうぶにん》』天平勝宝九年〈七五七〉条など）、井手寺（井提寺・円堤寺）が橘氏の氏寺とされていたことから、井手寺の付近に相楽別業があったと古くから考えられていた。しかし、井手寺の所在は綴喜郡で相楽郡とは隣接するが別郡であるので、疑問も呈されていた。井手寺が諸兄創建の寺であるとしても、相楽別業が井手寺の地であったとする必要はないだろう。

京都府木津川《きづがわ》市の丘陵部の発掘調査で、八世紀中葉から後半の寺院跡とみられる遺構が見つかり、神雄寺《かみおでら》跡と呼ばれている。彩釉《さいゆう》陶器や多量の灯明皿《とうみょうざら》と、「神雄寺」と記した墨書土器や、「阿支波支乃之多波毛美□」と記した木簡《もっかん》などが出土した。この木簡は、『万葉集』巻一〇、二二〇五番の「秋萩の下葉もみちぬあらたまの月の経ゆけば風をいたみかも」（作者未詳）の冒頭を万葉仮名で書いたものと考えられる。彩釉陶器などから、ここで大規模な法会《ほうえ》が催されたと推測されている（大坪州一郎「神雄寺跡の調査」）。また有力貴族との関係も推測され、しかも和歌に関わりが深いところから、ここが橘諸兄の相楽別業であった可能性も指摘されている（〈財〉京都府埋蔵文化財調査研究センター編『天平びとの華と祈り』）。ただし、諸兄の相楽別業は、橘奈良麻呂の変によって没官《もっかん》となったと考えら

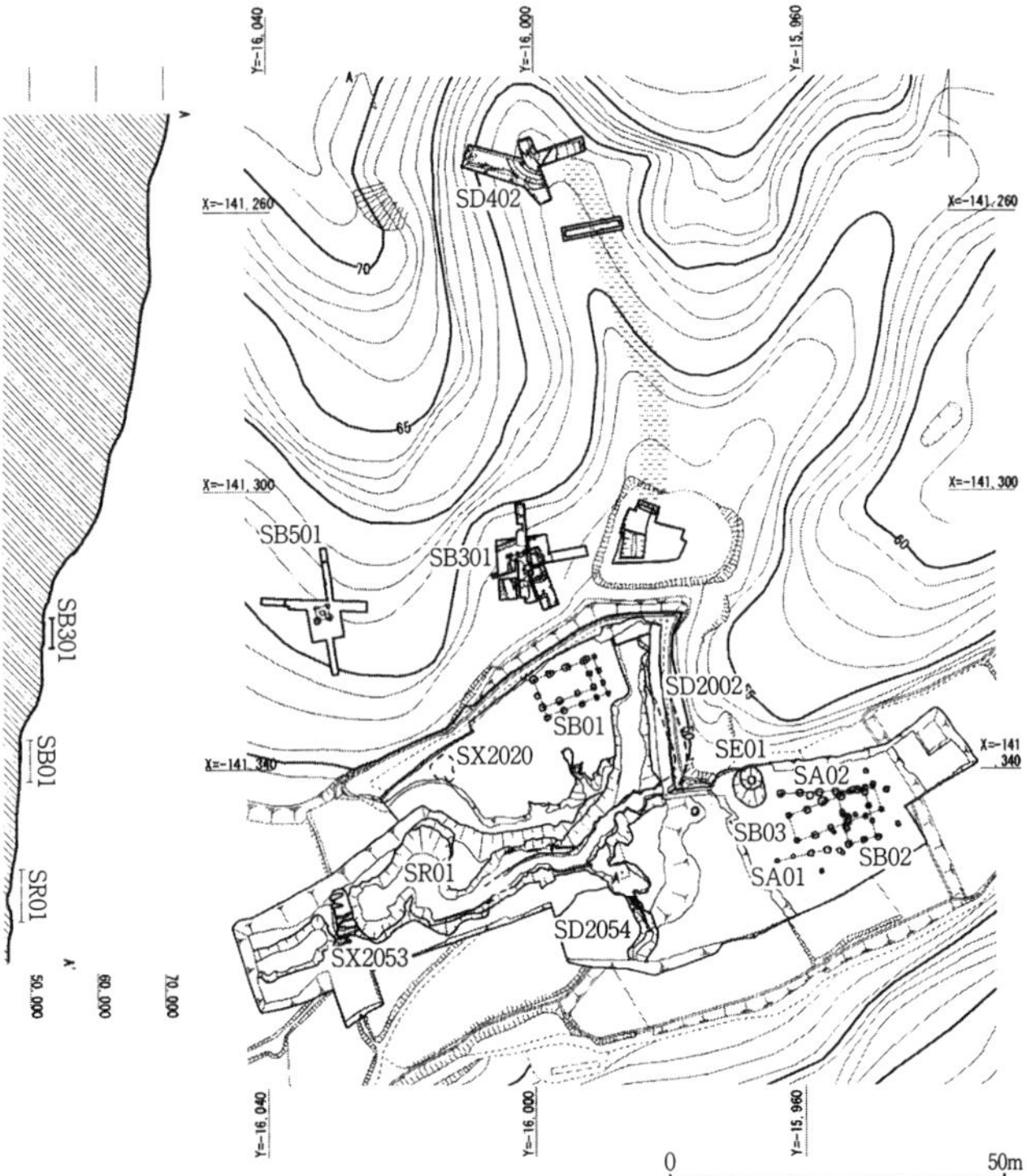

神雄寺跡の主要遺構配置図（大坪州一郎「神雄寺跡の調査」より）

れるので、八世紀後半まで続く神雄寺跡を諸兄の別業そのものとするには難があり、可能性にとどまる。

神雄寺跡の近くを流れる木津川は淀川《よどがわ》に合流して難波《なにわ》に流れる大河で、物資の流通路として重要な河川であった。付近に泉津《いずみのつ》があり、藤原京の造営の時期から泉津が利用されていた。平城京から山を一つ越えた場所にあり、木材の集散地として、薬師寺《やくしじ》や興《こう》福寺《ふくじ》などの木屋所《きやしょ》が設けられている。また近くに元明《げんめい》天皇のときから甕原《みかのはら》離《り》宮《きゅう》が置かれ、聖武天皇もしばしば行幸している。そのような場所であるから、橘諸兄だけでなく、

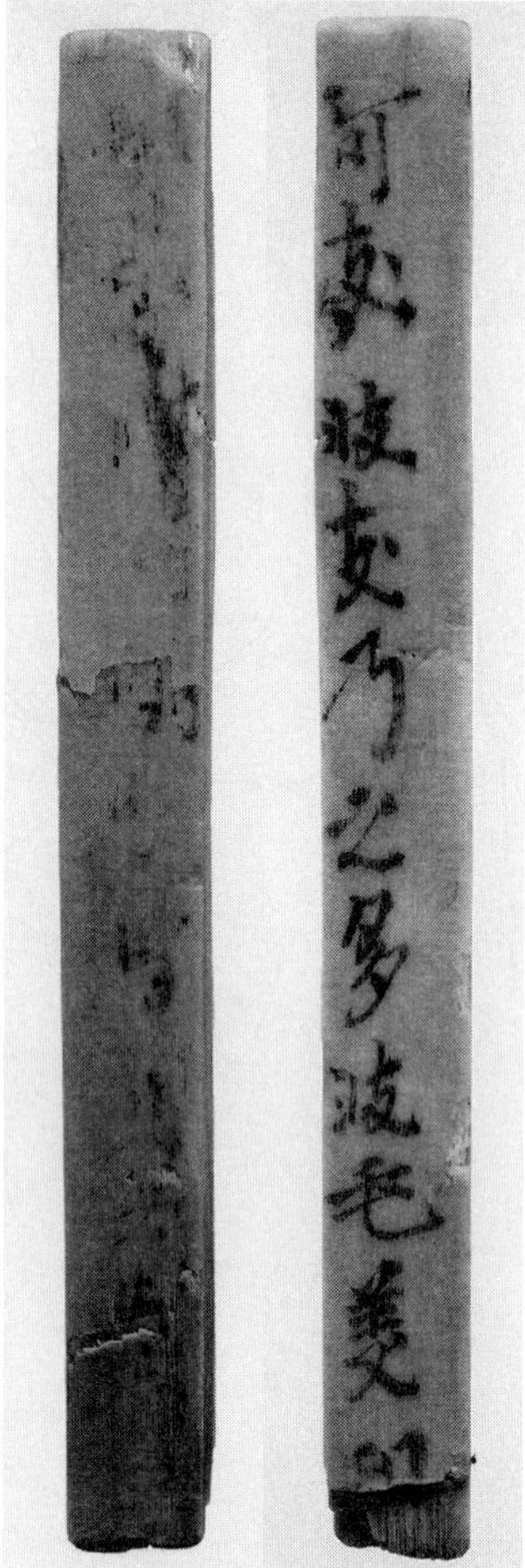

あきはきの木簡
（公益財団法人京都府埋蔵文化財調査研究センター提供，奈良文化財研究所撮影）

多くの王族や貴族も別業を設けていたと推測される。天皇が行幸した相楽別業の所在地は現在のところ特定できないが、神雄寺跡の付近に存在した可能性は高いだろう。

聖武と諸兄の蜜月

天皇が臣下の邸宅に行幸するのは稀なことであり、天皇と諸兄との密接な関係が示されている。また諸兄の子奈良麻呂への叙位も異例であった。奈良麻呂は、上級貴族の子の通例として内舎人となっていたのだろうが、その勤務成績による叙位ではなく、特別待遇での別勅叙位である。奈良麻呂はこのときに二〇歳と推定され、選叙令《せんじょりょう》に定める蔭子孫の叙位要件の二一歳を満たしていなかった。しかもすでに皇親を離れているので、蔭位の規定では二位の嫡子として得る位階は正六位下であるところを、いきなり従五位下の貴族の位階が与えられている。さらに加えて、早くも同年一一月には従五位上に昇進し、急速に地位を高めていくことになる。このような異例の抜擢は周囲に羨望と反発をもたらすことになる。貴族たちの間の対立の要素の一つとなっていったと思われる。

第四　彷徨五年

一　藤原広嗣の乱

広嗣の乱、勃発

天平《てんぴょう》一二年（七四〇）八月二九日、大宰少弐《だざいのしょうに》藤原広嗣《ふじわらのひろつぐ》が上表文を提出して、ときの政治の得失、天地の災異を述べ、玄昉《げんぼう》と下道真備《しもつみちのまきび》を排除すべきことを主張した。政府はこれを反乱として、九月三日に大将軍《だいしょうぐん》に大野東人《おおののあずまひと》、副将軍に紀飯麻呂《きのいいまろ》を任じ、東海《とうかい》・東山《とうさん》・山陰《さんいん》・山陽《さんよう》・南海《なんかい》の五道の軍一万七〇〇〇人を徴発して征討することを命じた。いわゆる藤原広嗣の乱の勃発である。

政府は続けて、九月四日には畿内に居住する隼人《はやと》二四人を召して、橘諸兄が勅《ちょく》を宣して位階と衣服を与えて発遣した。これは広嗣軍に加わった隼人たちを懐柔《かいじゅう》するための策であったと考えられる。また五日には佐伯常人《さえきのつねひと》と阿倍虫麻呂《あべのむしまろ》を勅使として送った。一一日には伊勢神宮《いせじんぐう》に奉幣《ほうべい》し、一五日には乱の討伐祈禱のために国ごとに観音菩薩像《かんのんぼさつぞう》一躯《く》を造り、観世音経《かんぜおんきょう》一〇巻を写すことを全国に命じた。

九月下旬に大将軍大野東人らが長門《ながと》から豊前《ぶぜん》に渡ると、広嗣方についていた豊前国の郡司《ぐんじ》らがあいついで兵を率いて投降した。また政府は大宰府《だざいふ》管内諸国の官人《かんじん》・百姓《ひやくせい》らに帰順と広嗣殺害を促す勅符を頒布した。一〇月にはいると、政府軍六〇〇〇と広嗣軍一万とが板櫃河《いたびつがわ》をはさんで対峙し、勅使が広嗣に呼びかけると、広嗣は馬から下りて再拝して、「広嗣は朝廷の命令を拒んでいない。ただ朝廷を乱す二人（玄昉と下道真備）の排除を要求しているだけだ」と述べ、さらに勅使が「勅を伝えるために大宰府官人を召喚したのに、なぜ兵を引き連れて来たのか」と問うと、広嗣は答えずに退却し、隼人ら三〇人余りが川を渡って投降した。その後、広嗣は船で海上に逃れたが、風に吹き戻されて一〇月二三日に肥前《ひぜん》国松浦《まつら》郡の智嘉《ちか》島（五島列島の一つ）で捕らえられ、一一月一日に弟の綱手《つなて》とともに斬殺された。これで反乱は終息し、翌年正月二二日に、広嗣の与党として死罪二六人以下、合計二八七人が処罰された。

逆臣・広嗣

以上が乱の概略だが、藤原広嗣は藤原宇合《うまかい》の子で、天平九年九月に従六位上から従五位下に昇り、その後式部少輔《しきぶのしょう》、翌天平一〇年四月には大養徳《やまとの》（大和）守《かみ》を兼任したが、同年一二月には大宰少弐に転じた。官位相当では大和守は大国守《たいこくのかみ》で従五位上、大宰少弐は従五位下であるので、左降《さこう》である。乱のさなかの九月二九日に大宰府管内の官人・百姓に対して発した勅では、「逆人広嗣は小さいときから凶悪で、成長してから嘘偽りがふえ、その父の式部卿《しきぶきょう》（宇合）は排除しようとしたが、朕はそれを許さず、かばってきた。このごろ京のなかで親族を誹謗して秩序を乱すので、遠く（大宰府）に遷して改心することを願っていた」としている。

親族を誹謗したという具体的な内容は書かれておらず、従兄弟の豊成《とよなり》らと対立したとする見方もあるが、従兄弟間の対立程度で官職を左降されたとは考えにくい。左降されたのが阿倍内親王が立太子した三ヶ月後であるので、皇太子やその背後にいる光明《こうみょう》皇后に対する批判であった可能性が高い。また広嗣が排斥を求めた玄昉と下道真備は藤原宮子《みやこ》の病気平癒によって褒賞され、天皇・皇后に重用されているので、宮子も批判の対象であったかもしれない。皇后や皇太夫人に対する批判となると、天皇も見過ごしておけなかったのだろう。そして、広嗣だけでなく、その弟の綱手も乱に加わっており、藤原氏内部に分裂が生じていたことが分かる。

広嗣の動員力

藤原広嗣の挙兵は、勅使に対して広嗣が抗弁できなかったことや、広嗣が逃亡、捕縛されると急速に収束したあっけない展開から、広嗣の個人的な怨恨《えんこん》によるものであったとされることが多い。しかし、一万人の兵を集めることができたのは、おもに軍団兵士を動員したからであり、また郡司に率いられた兵も多かった。郡司や軍団軍毅《ぐんき》を反乱軍に組織することができたのは、広嗣が大宰府を掌握して西海道《さいかいどう》諸国の国司《こくし》を通じて郡司や軍毅を指揮したからであろう。

乱前後の大宰府

この時期の大宰府官人としては、長官の帥《そち》は天平九年八月に藤原宇合（広嗣の父）が死亡してから空席であった。大弐《だいに》は、広嗣の少弐任命と同じ天平一〇年一二月に従四位下の高橋安麻呂《たかはしのやすまろ》が任じられている。安麻呂は同年八月に橘諸兄の宅での宴会に加わったときに右大弁《うだいべん》であり、諸兄と親しい関係にあった（『万葉集《まんようしゅう》』一〇二七番）。その後の右大弁は天平一三年七月に任じられた紀飯麻呂まで知られないので（『公卿補任《くぎょうぶにん》』では天平元年から一三年まで大伴道足《おおとものみちたり》が右大弁であったとするが、疑わしい）、安麻呂は右大弁のまま大宰大弐を兼任して、大宰府には赴任していなかった可能性がある（新日本古典文学大系『続日本紀《しょくにほんぎ》 二』補注13―二〇）。また高橋安麻呂については、その後の動向が知られず、在京していたとしても広嗣の暴走を止められなかったことで、左降などの処分を受けたのかもしれない。

また大宰少弐は定員二名で、天平一一年三月に対馬《つしま》から祥瑞《しょうずい》の神馬《しんめ》が出たことについて、大宰少弐従五位下多治比伯《たじひのおおじ》から報告されている。この段階では、大宰府を代表したのは少弐の多治比伯だった。多治比伯も、その後の動向は知られず、積極的ではないにしても広嗣の乱に関与して処罰された可能性がある。大宰府には、さらに大監《だいげん》（判官《じょう》）以下多数の官人がいた。史生《ししょう》の小長谷常人《おはつせのつねひと》は豊前国京都《みやこ》郡鎮長《ちんちょう》として広嗣方の将であり（『続日本紀』天平一二年九月戊申《ぼしん》〈二四日〉条）、その他の大宰府官人らも広嗣の挙兵に荷担したのであろう。

西海道の不満と広嗣称揚

西海道地方は疫病による疲弊が大きかったが、軍団兵士は停止されず、天平一〇年には東国防人《さきもり》にかえて西海道諸国から防人がとられるなど負担が大きく、民衆や郡司層の豪族らの不満も多かったと思われる。そのため広嗣の反乱への支持もあった。乱の五年後に玄昉が失脚して筑紫《つくし》観世音《かんぜおん》寺《じ》に左遷され、翌年に没するが、その没伝には「世に相伝へて云《い》はく、『藤原広嗣が霊の為に害《そこな》はれぬ』といふ」とある（『続日本紀』天平一八年六月己亥《きがい》〈一八日〉条）。広嗣の怨霊の祟りとする風聞が玄昉が死んだ当時からあったとすれば、怨霊の祟りとして意識された早い事例である。

また広嗣の敗死を悼む風潮があり、佐賀県唐津《からつ》市の鏡神社《かがみじんじゃ》は広嗣を祭神として祭っている。その鏡神社の縁起である『松浦廟宮先祖次第《まつらびょうぐうせんぞしだい》并本縁起《ならびにほんえんぎ》』には広嗣の上表文が載せられていて、僧尼の腐敗を糾弾し、新羅《しらぎ》に対する防備の不備を批判するなど「時政得失」が詳しく記されているが、文中に玄昉を道鏡《どうきょう》と誤るなど信頼を置きがたいところがある。広嗣の政治批判の内容は知りがたいが、広嗣に賛同者が少なくなかったことは、処罰者が多かったことからも分かる。

乱後の処置に関する史料の解釈

また『続日本紀』天平一三年正月甲辰《こうしん》（二二日）条には、広嗣与党で捕縛された人々について、死罪二六人、没官五人、流罪四七人、徒罪三二人、杖罪一七七人と処罰された人数を記したのに続けて、「従四位下中臣《なかとみの》朝臣《あそん》名代《なしろ》、外《げ》従五位下塩屋連《しおやのむらじ》吉麻呂《きちまろ》、大養徳宿禰《すくね》小《こ》東人《あずまひと》ら三十四人を配所より徴す」という記事がある。配所とは、普通には流刑地の意味であるから、流罪が許されたことになるが、中臣名代らがこれ以前に流罪となった形跡がない。そこで「配所より徴す」の部分（原文では「徴（中略）於配所」）を、「配所に徴す」と読んで、流刑地に送られたとする解釈もある。またこの配所は配属先の意味であるとして、乱後の処刑のために派遣したとする解釈もある（新日本古典文学大系『続日本紀　二』）。その読み方によって、大きく意味が異なる記事である。

中臣名代らが流刑になったとすると処罰者として記された流罪四七人との違いが不明であり、配所を配属先とする用例はほかに見られず、また乱の処刑は将軍大野東人に委ねられていて、改めて三四人もの人を送る意味も認めがたい。漢文の「徴（中略）於配所」という表現は、『続日本紀』では、後の道鏡の宇佐《うさ》八幡神託《はちまんしんたく》事件で配流《はいる》された和気《わけの》清麻呂《きよまろ》と広虫《ひろむし》を呼び戻したときの宝亀《ほうき》元年（七七〇）九月乙丑《いっちゅう》（六日）条に「徴和気清麿・広虫於備後《びんご》・大隅《おおすみ》、詣京師《けいし》」（和気清麿・広虫を備後・大隅より徴し、京師に詣《いた》らしむ）とあり、ここでは明らかに「備後・大隅より徴す」と読める。「徴〇〇於△△」の語順は同じであるので、「配所より徴す」と読むのが妥当である。しかし、中臣名代らが、これ以前に流罪となった形跡はない。また、流罪の場合は官位も剥奪されるのが普通で、和気清麻呂・広虫の場合も官位の記載はないのに、中臣名代らは位階を付して記されているので流罪になっていたとは考えがたい。

そこで考えられるのは、中臣名代らは広嗣の動きに呼応することを警戒して、一時的に拘束、軟禁されていて、乱が終息して疑いが晴れたので拘束が解かれたと解釈することである（直木孝次郎「広嗣の乱後の大養徳小東人ら三人の処遇について」）。一時的な拘束なので、官位は剥奪されておらず、また配所は拘束場所の意味ととらえられる。

警戒された不満分子たち

中臣名代は、天平五年の遣唐使《けんとうし》で副使として入唐《にっとう》し、帰国後の天平八年一一月には従四位下になり、天平九年九月には神祇伯《じんぎはく》として見える。天平一一年四月に参議《さんぎ》となった巨勢奈弖麻呂《こせのなでまろ》・大伴牛養《うしかい》・県犬養石次《あがたのいぬかいのいわすき》は同じ従四位下で、しかも従四位下に昇ったのは中臣名代より後である。名代は参議昇任では彼らに追い越されたのであり、不満を抱いていてもおかしくない。そのような不満分子を警戒する措置がとられたことは十分にあり得ることである。なお、中臣名代はこの後も官位の昇進はなく、天平一七年九月に散位《さんい》従四位下で没している。

大養徳（大倭）小東人は養老律令《ようろうりつりょう》の撰定に参画し、明法家《みょうぼうか》として知られた人物で、のち天平一六年九月に西海道巡察使《じゅんさつし》になり、以後順調に昇進し、名を長岡《ながおか》と変えて神護《じんご》景雲《けいうん》三年（七六九）一〇月に正四位下で没した。塩屋吉麻呂は古麻呂とする史料もあり、やはり養老律令撰定に参画し大学頭《だいがくのかみ》になったが、この後の動向は不明である。明法家の二人が不満分子と疑われたのは、疫病流行後の現実対応的な政策が律令の原則を逸脱するとの批判があったのかもしれない。聖武《しょうむ》天皇や橘諸兄らからすると、そのような警戒の対象となる人が三四人もいて、かなり不安が高まっていたと考えられる。

乱への迅速な対応

広嗣の乱の発端で『続日本紀』では、八月二九日に広嗣の上表、九月三日に大将軍大野東人以下の任命、四日には隼人二四人を召して派遣したことが記されている。八月二九日は上表文が朝廷に届いた日付と見られるが、その対応はきわめて迅速であった。隼人を派遣したのは、広嗣軍に隼人が加わっているという情報がすでに伝わっていたからである。また九月二二日には四〇〇〇人もの軍士を長門から豊前に渡らせており、これも事前に兵士の動員準備を進めていたと推測できる。広嗣方の動きは事前に中央政府にかなり伝わっていて、それに呼応する動きに対する警戒や対応も行われていたのだろう。

結果的には中臣名代ら三四人は解放され、中央政界で広嗣に呼応した人はいなかったのであるが、早くに不満分子に対する手を打ったことで、乱の中央政界への波及を防ぐことができたともいえる。その意味では、この処置が功を奏したのである。

二　関東行幸

いざ行幸へ

広嗣の乱の帰趨《きすう》がまだ不明な段階の天平一二年一〇月二六日に、聖武天皇は大将軍大野東人らに勅を発して、「朕《われ》、意《おも》ふ所有るに縁《よ》りて、今月の末、暫《しばら》く関東に往《ゆ》かむ。そのときに非ずと雖《いえど》も、事已《や》むこと能はず。将軍、これを知るとも、驚き怪しむべからず」として、二九日には行幸に出発した。そして、その後約五年にわたり天皇は平城京に戻らず、恭仁宮《くにのみや》、難波宮《なにわのみや》や紫香楽宮《しがらきのみや》を転々と遷った。いわゆる彷徨《ほうこう》五年である。

この行幸の準備は、『続日本紀』によれば、一〇月一九日に造伊勢国行宮司《ぞういせこくあんぐうし》を任命したあたりから始まったようで、二三日には次第司《しだいし》として、塩焼王《しおやき》を御前長官《みさきのちょうかん》、石川王《いしかわ》を御後《みあと》長官、藤原仲麻呂《なかまろ》を前騎兵《さきのひょう》大将軍、紀麻路《きのまろ》を後騎兵《あとのひょう》大将軍に任命し、東西史部《やまとかわちのふひとべ》と秦氏《はた》から四〇〇人の騎兵を徴発することを命じている。二九日には、留守官として知太政官事《ちだじょうかんじ》の鈴鹿王《すずか》と兵部卿《ひょうぶきょう》の藤原豊成を任じ、橘諸兄をはじめとする多数の貴族・官人を引き連れて出発した。

行幸から恭仁遷都まで

二九日は大和国山辺郡《やまのべ》に泊まり、三〇日に伊賀《いが》国名張《なばり》郡、一一月一日は伊賀郡安保《あお》頓宮《かりみや》、二日は伊勢国壱志《いちし》郡河口《かわぐち》頓宮に至り、ここを関宮《せきのみや》と名づけ、一〇日間滞在した。伊勢神宮に奉幣使を派遣し、ここで広嗣捕縛の報告を受け、法による処分を命じたが、それと入れ違いに一一月五日付けの大野東人からの広嗣斬殺の報告が届いたのも、この滞在中であったらしい。一二日には壱志郡家《ぐうけ》に泊まり、一四日に鈴鹿《すずか》郡赤坂《あかさか》頓宮に至り、ここでも九日間とどまって、二一日には陪従《ばいじゅう》する官人と騎兵、子弟らに叙位が行われた。この叙位は『続日本紀』に掲げる五位以上だけでも五〇人を数え、橘諸兄は従二位から正二位に昇った。

二三日に朝明《あさけ》郡、二五日に桑名《くわな》郡、二六日には美濃《みの》国に入って多伎《たき》郡、一二月一日に不破《ふわ》郡に至った。この不破郡で騎兵を解散して京に帰し、天皇は美濃国府《こくふ》をめぐって、

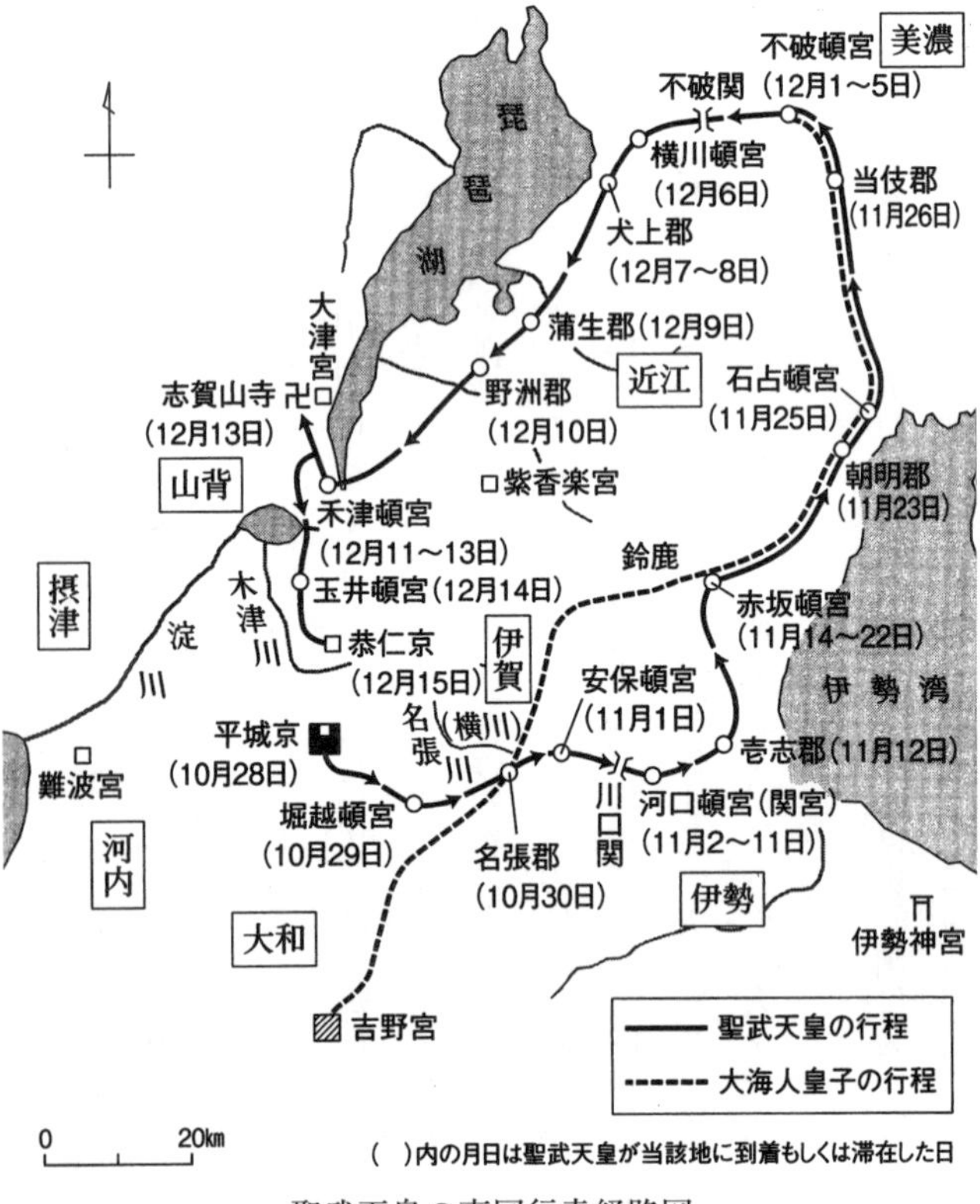

聖武天皇の東国行幸経路図

（栄原永遠男『聖武天皇と紫香楽宮』敬文舎より．蓬生雄司氏作図）

美濃国の国司・郡司と行幸に奉仕した人々に叙位が行われた。六日には近江《おうみ》国坂田《さかた》郡に入り、この日に橘諸兄は先発して山背《やましろ》国相楽《さがら》郡に向かい、恭仁京への遷都の準備にあたった。天皇は七日に犬上《いぬかみ》郡、九日に蒲生《がもう》郡、一〇日に野洲《やす》郡、一一日に志賀《しが》郡禾津《あわづ》に移動し、志賀郡では志賀山寺《しがやまでら》に行幸し、一四日に近江の国郡司に位を授け、山背国相楽郡の玉井《たまい》に至り、一五日に恭仁宮に入った。そして、そのまま恭仁宮に滞在し、翌年正月の朝賀《ちょうが》は恭仁宮で行われ、正月一一日には伊勢神宮と七道の諸社に奉幣して新京に遷ったことを報告して、恭仁京が新たな都となった。一ヶ月半にわたる長期の行幸を経ての遷都であった。

行幸の契機

この伊勢・美濃・近江の行幸について、藤原広嗣の乱がまだ終息しない段階で、出発にあたって将軍大野東人に「朕意ふ所有るに縁りて」として、理由を明らかにしないままであり、聖武天皇が不安な心理状態であったためとか、乱の余波が平城京に及ぶのを恐れたためなどと解釈されることが多かった。

しかし、多数の貴族や官人たちを引き連れ、四〇〇人の騎兵を動員しての行幸が、天皇個人の不安だけを理由にして行われたとも考えにくい。滋賀県大津《おおつ》市の膳所《ぜぜ》城下町遺跡で見つかった大型建物跡が志賀郡禾津の頓宮の可能性があり、その建物は急ごしらえではなく、かなり時間をかけて造営されたもので、この行幸は事前に準備が進められたとする考えがある。また行幸の経路が壬申《じんしん》の乱のときに大海人《おおあま》皇子がたどった経路と重なる部分が多いことから、聖武天皇が曾祖父である天武《てんむ》天皇の行軍ルートを追体験することによって、天皇としての権威を高めようとしたものであり、それは広嗣の乱がおきる以前から計画されていたとする理解が、近年では有力になっている。

確かに美濃国不破郡で騎兵を解散したことも、大海人皇子が乱の最終局面まで不破で指揮をとったことに倣《なら》ったともみられる。天武天皇の直系の子孫として、その正統な継承者であることを示す意義は、大いに考えられる。しかし、行幸の前半、伊勢に入るまでの経路は壬申の乱のときの経路とは異なっている。出発地が大海人皇子は吉野《よしの》であったのに対して、聖武天皇は平城京からで異なっているので当然ではあるが、ともに伊賀国名張郡を通ったにもかかわらず、そこから伊勢国に入る経路は異なっている。膳所城下町遺跡の大型建物も禾津頓宮として利用された可能性は大きいが、頓宮として造られたと断ずることができるか疑問も残る。

現在でも、この行幸が広嗣の乱を契機に急に行われたとする考えは十分に有効である。行幸の一〇日前に任命されたのが造伊勢行宮司であることからも、当初の目的地は伊勢国であったと考えられる。また『万葉集』巻六、一〇二九番歌の題詞に「十二年庚申冬十月、大宰少弐藤原朝臣広嗣の謀反して軍を発《おこ》すに依りて、伊勢国に幸《みゆき》したまひしときに、河口の行宮にして内舎人《うどねり》大伴宿禰家持《やかもち》の作りし歌一首」とあり、大伴家持など当時の人々が広嗣の乱をきっかけにした伊勢行幸であったと認識していたことがわかる。

表　聖武天皇の東国行幸行程

到着日	滞在地	宿泊数
10月29日	大養徳国山辺郡竹鶏村堀越	1
10月30日	伊賀国名張郡	1
11月1日	伊賀国伊賀郡安保頓宮	1
11月2日	伊勢国壱志郡河口頓宮（関宮）	10
11月12日	伊勢国壱志郡	2
11月14日	伊勢国鈴鹿郡赤坂頓宮	9
11月23日	伊勢国朝明郡	2
11月25日	伊勢国桑名郡石占	1
11月26日	美濃国当伎郡	4
12月1日	美濃国不破郡不破頓宮	5
12月6日	近江国坂田郡横川	1
12月7日	近江国犬上（郡）	2
12月9日	近江国蒲生郡	1
12月10日	近江国野洲（郡）	1
12月11日	近江国志賀郡禾津	3
12月14日	山背国相楽郡玉井	1
12月15日	山背国相楽郡恭仁宮	

そして伊勢国壱志郡河口頓宮に滞在中に広嗣捕縛と斬殺の報告を受け、それにより行幸を伊勢だけでなく美濃国まで延ばすよう変更したのではないだろうか。河口頓宮に一〇日滞在し、さらに鈴鹿郡赤坂頓宮に九日間留まったのは、美濃国での滞在先を準備させるためであったのだろう。また赤坂頓宮で陪従の官人や騎

兵などに叙位を行ったのも、ここで行幸が一区切りであったことを示している。

行幸の従者

この行幸には、東西史部と秦氏の騎兵四〇〇人を徴発して随行させている。これは、内舎人、大舎人《おおとねり》や中衛《ちゅうえ》、兵衛《ひょうえ》などに加えて、いわば天皇の私兵として警護させるためのものであった。前に述べたように中臣名代ら中央貴族が広嗣の乱に呼応することが警戒されていた。貴族らは、それぞれ資人《しじん》など私兵となりうる従者を持っていた。行幸に出ることで、天皇自身は東西史部と秦氏の騎兵四〇〇人と大舎人など親衛隊で警護しながら、随行する貴族らを配下の人々と切り離すことで反乱の動きを予防することを狙ったと考えられる。

平城京にとどまった者たち

赤坂頓宮で叙位されたのは五位以上だけでも五〇人以上いたが、そのなかで参議以上は橘諸兄だけであった。将軍として出征した大野東人は別にして、留守官の知太政官事鈴鹿王、参議藤原豊成だけでなく、ほかの参議の大伴道足、巨勢奈弖麻呂、大伴牛養、県犬養石次は平城京にとどまっていたのである。平城京での警戒も行われていたのだろう。

乱の鎮圧により、中央政界への波及のおそれが少なくなり、平城京は留守官に任せて、いわば通常の行幸として美濃・近江へと足をのばしたのだろう。赤坂頓宮から美濃への経路は壬申の乱での大海人皇子のルートと重なる。ただし、壬申の乱は七〇年近く前のことであり、天平一二年当時の人々の記憶にはないので、壬申の乱に直結させて考えるだけでは不十分であろう。

持統の行幸

伊勢・美濃への行幸は聖武天皇が初めてではない。飛鳥浄御原宮《あすかきよみはらのみや》の時期の持統《じとう》六年（六九二）三月に、持統天皇は伊勢行幸を行った。また大宝《たいほう》二年（七〇二）にも持統は太上《だじょう》天皇として三河《みかわ》御幸を行っている。

元正の行幸

霊亀《れいき》三年（七一七）九月には、元正《げんしょう》天皇が美濃国多耆《たき》郡に行幸した。この行幸で多耆郡の美泉に効能があったことが、年号を養老《ようろう》と改める理由となった。この行幸では、往復とも山背・近江・美濃のルートであった。元正天皇は、翌養老二年（七一八）二月から三月に、ふたたび美濃国多耆郡の美泉に行幸した。この行幸では、経由した国として美濃・尾張《おわり》・伊賀・伊勢の国郡司以下が褒賞されていて、近江国がそれに含まれていないので、往復とも伊賀・伊勢を経由するルートを取ったのだろう。元正天皇の二回の美濃行幸ルートをあわせたものが、今回の聖武天皇の行幸のルートとなっている。それは遡れば壬申の乱のときのルートであるが、より直接的には二〇年余り前の元正天皇の行幸を範としたものである。

これらの前例からすると、聖武天皇が伊勢から美濃へと行幸を拡大したのは、広嗣の乱の鎮圧を機にして、東海道の伊勢国だけでなく東山道の美濃・近江にも赴いて、改めて全国に君臨する天皇としての権威を示そうとしたと考えられる。また東海・東山道からは兵士を動員しているので、乱を鎮圧したことを示すデモンストレーションの意味もあった。

聖武行幸の意味

太上天皇と皇后の動向

ところで、聖武天皇の東国行幸に、元正太上天皇や光明皇后も同行したかどうかは、史料からは明らかでない。一二月一五日に天皇が恭仁宮に入ったときのことを、『続日本紀』は「皇帝、前に在りて恭仁宮に幸したまふ。始めて京都を作る。太上天皇・皇后、後に在りて至りたまふ」とあり、天皇と元正太上天皇・光明皇后は前後に分かれて恭仁宮に入ったことを記している。それまで行幸の間は行動を共にしていて、この日だけ恭仁宮に入る時刻をずらしたことを特筆したのかもしれないが、元正太上天皇と光明皇后は行幸とは別行動をとっていて、恭仁宮で合流したと考えた方がよいであろう。

元正太上天皇は六一歳の高齢で、一ヶ月半の長旅を続けたのか疑問であるし、元正が二度行幸して養老改元《かいげん》のきっかけとなった多耆郡の美泉の近くを通りながら美泉に立ち寄った形跡もない。また『万葉集』巻六、一〇三〇番に行幸中の聖武天皇の歌、「妹《いも》に恋ひ吾《あが》の松原見渡せば潮干《しおひ》の潟《かた》に鶴《たず》鳴き渡る（妻を恋しく思って私が待っている吾の松原から見渡すと、干潟に鶴が鳴き渡って行く）」があり、左注に吾の松原は三重《みえ》郡にあり、朝明の行宮にいたときに詠んだ歌としている。歌の「妹」（妻）が光明皇后だとは限らないが、皇后が同行していて詠まれたとは考えにくい。皇后も平城宮にとどまっていた可能性が高い。

行幸に従った橘諸兄と将軍の大野東人以外の参議たちは平城京に残っていた。太上天皇と皇后を中心とする政府の本体は平城京に残っていたのであろう。そして恭仁宮に太上天皇と皇后が合流することで、恭仁宮が新都となったのである。

三　恭仁京

相楽に所在する二つの宮

恭仁宮の所在する山背国相楽郡には、以前から甕原宮《みかのはらのみや》があった。恭仁宮は甕原宮とは近接するが別の宮であったようである。甕原宮には元明天皇が平城遷都後間もない和銅《わどう》六年六月に行幸したのをはじめ、たびたび行幸が行われている。聖武天皇も神亀《じんき》四年（七二七）五月、天平八年三月、そして天平一一年には三月二日と二三日の二回甕原宮に行幸し、そのうち一回は元正太上天皇も同行している。また天平一二年五月には橘諸兄の相楽第に行幸している。

恭仁京が選ばれた理由

天平六年に難波京に官人らの宅地を班給していたが、それとは別に相楽郡も新たな都として天平一一年頃には構想されていたと思われる。天平一一年という時期から考えると、疫病により多くの貴族・官人らが死亡した平城京を離れようとしたものと見られる。疫病の疲弊のため、まったく新規の場所を選ぶより、離宮や貴族の別業などがある相楽郡は便利である。それに加えて相楽郡は木津川《きづがわ》の水運により、難波との交通の便もよい。そのようなことで、相楽郡の恭仁宮が選ばれたのであろう。そして、それを決断する契機となったのが広嗣の乱であったと考えられる。

兵器や王族・貴族の移動

恭仁京を都に定めて、その造営工事が急ピッチで行われた。翌天平一三年正月、元日朝賀が恭仁宮で行われたが、宮の垣が未完成だったので帳《とばり》をめぐらして行われたという。正月一一日には伊勢神宮と七道の諸社に使者を派遣して遷都のことを報告させた。閏三月九日には、平城宮の兵器を甕原宮に運ばせた。ここで運ばせた兵器は、おそらく広嗣の乱に対して平城京の警備のために集めていた兵器であろう。、天平一五年一二月にも平城の器仗《きじょう》を運んで恭仁宮に収めたことが見えるので、兵器の移動は順次行われたようである。

閏三月一五日には、平城留守の大野東人と藤原豊成に詔して、五位以上の者が平城に住むことを禁じ、その日のうちに恭仁京に移動させることを命じた。大野東人は広嗣の乱を征討する大将軍であったが、帰還後に平城宮の留守に任じられていたらしい。また平城留守であった知太政官事の鈴鹿王の名が見えないので、鈴鹿王はすでに恭仁京に移っていたと考えられる。

恭仁宮大極殿跡
（佐藤信編『奈良の都と地方社会』吉川弘文館，2010年より）

恭仁宮の建物と東西市

七月には元正太上天皇のための新宮ができて、一三日には新宮で宴が催された。この日に参議の従四位上巨勢奈弖麻呂に正四位上の位が授けられている。これは奈弖麻呂の高齢を賞したものだが、奈弖麻呂は東宮大夫《とうぐうのだいぶ》でもあったから、行幸の間平城京で皇太子阿倍内親王を守っていたことを褒賞したのであろう。

恭仁宮では発掘調査によって、内裏に相当する建物が東西に二つ並んで建てられていたことが知られ、聖武天皇の内裏と元正太上天皇の内裏であったと推定されている（橋本義則『古代宮都の内裏構造』）。なお、恭仁京には光明皇后の皇后宮や阿倍内親王の東宮の建物も存在したはずだが、その所在はまだ不明である。

八月二八日には平城京の東西市を恭仁京に遷した。市は政府の諸官司が経済活動を行ううえで不可欠で、もともと恭仁京の地域は木津川を用いた物資流通の拠点であり、東西市を整えることで、諸官司で働く膨大な数の下級官人や力役夫《りきえきふ》などもかかえる京としての機能を備えることになった。

税の免除や大赦

九月には、四日に遷都を理由にして左右京（恭仁京と思われるが、平城京も含むかもしれない）の調租《ちょうそ》と畿内の田租《でんそ》が免除された。五日には遷都による大赦《たいしゃ》が行われ、広嗣の乱で断罪された者も許された。同日には、智努王《ちぬ》と巨勢奈弖麻呂の二人が造宮卿《ぞうぐうきょう》に任じられた。造宮省やその長官の造宮卿は奈良時代を通じてほぼ常置されていたが、ここでは特に二名を任じている。天皇の内裏が一応整ったので、諸官司を仮設の建物から本格的な殿舎に整備するため造宮省長官を二名置いたのだろう。また九日には造宮のため畿内諸国から役夫五五〇〇人の差発が命じられた。一方では京の整備がすすめられ、一二日には智努王、藤原仲麻呂らを派遣して京の百姓の宅地を班給し、また賀世山《かせやま》（鹿背山）の西路に

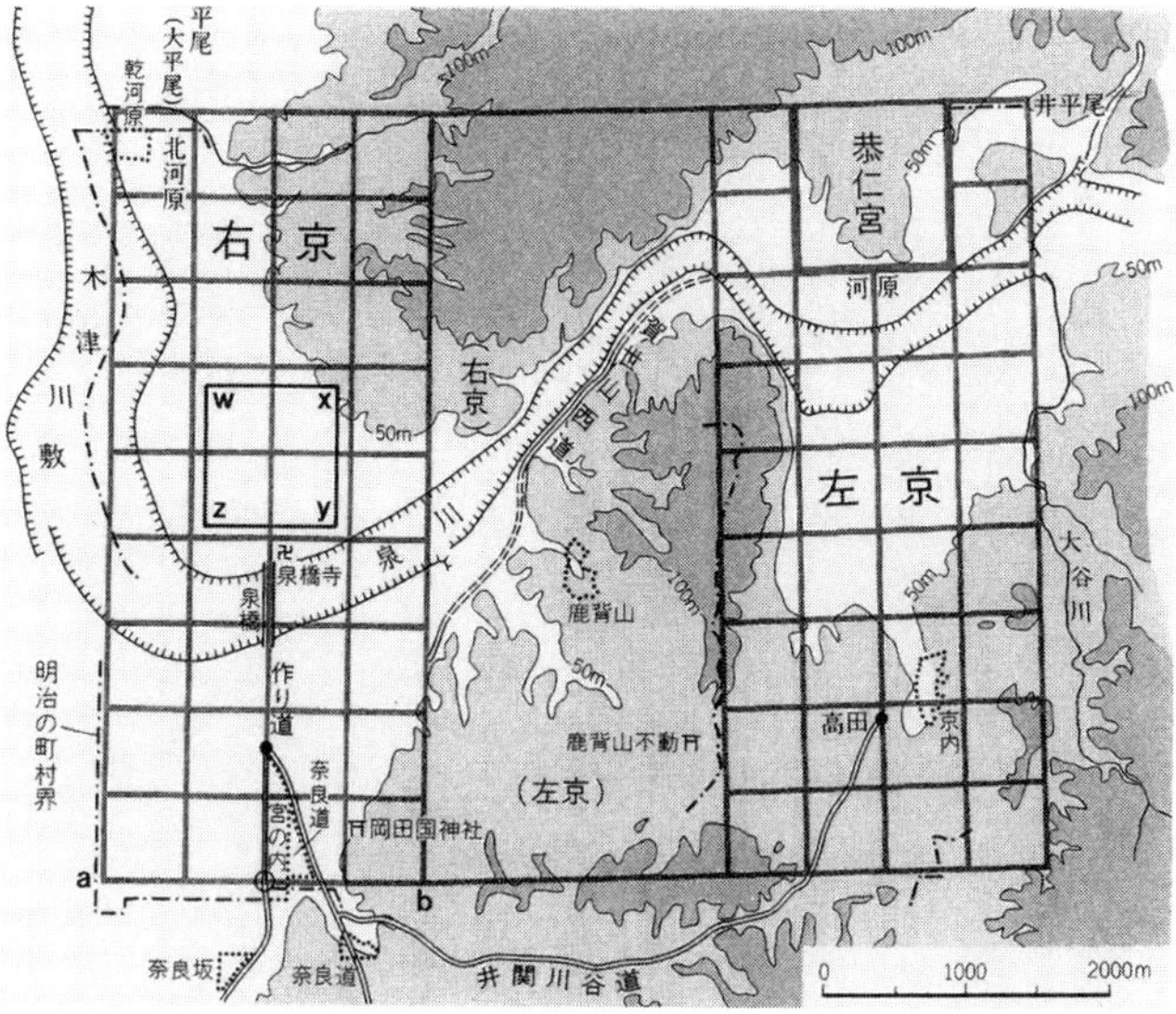

恭仁京推定図（『加茂町史　第一巻　古代・中世編』より）

よって東西を分けて左京・右京の範囲が定められた。

恭仁京では、鹿背山をはさんで左京と右京が造られた。鹿背山の一帯は居住に適さないので、左京と右京は分離され、鹿背山西路から木津川沿いの道が左右京を結ぶ道となる。京の中央を東西に木津川が流れ、宮は左京の北岸に位置する。左京はおもに官人の居住地とされ、右京は以前からの泉津《いずみのつ》を含み、物資の集散地、一般京《きょう》戸《こ》の居住地とされたのだろう（『加茂町史』）。

京の整備を進めているさなかの

九月三〇日に、天皇は宇治《うじ》、山科《やましな》に行幸に出かけた。五位以上は悉く行幸に従い、平城留守の一人であった藤原豊成を呼び寄せて恭仁京の留守に任じた。この行幸は一〇月二日に恭仁宮に還っているので足かけ三日の行幸だったが、恭仁京がまだ落ち着かない段階での行幸は、このあとに紫香楽宮で大仏造営が命じられていることから考えると、大仏造営の適地を探すためのものであった可能性が高い。

行基を利用

一〇月一六日には、賀背山東河の橋、つまり左京を流れる木津川に架かる橋が完成した。この橋は七月から畿内と諸国の優婆塞《うばそく》（在俗で修行中の男子）を集めて造らせ、橋ができると得度を認めて、その数は七〇五人であったという。この優婆塞は行基《ぎょうき》に率いられた集団と考えられているが、得度を認められた人だけでも七〇五人であるから、かなり大規模な工事であった。左京の中軸線に架かる橋であろうと考えられている。行基は、これ以前にも恭仁京右京の中央にあたる場所に泉橋を架け、泉橋寺《せんきょうじ》や泉布施屋《ふせや》を造っている。行基に従う優婆塞・優婆夷《うばい》（修行中の女子）に対しては、天平三年に男は六一歳以上、女は五五歳以上に得度を認めて、活動を公認しはじめていたが、恭仁京造営を機に積極的にその力を利用するようになったのである。

国号改変

一一月二一日、橘諸兄は上奏して「この朝廷を、どのような名号を付けて万代《よろずよ》につたえるか」と尋ね、天皇は「大養徳恭仁大宮《やまとのくにのおおみや》と名付けよ」と勅した。大養徳は天平九年一二月に大倭国を改めた表記だが、恭仁京の場所は山背国相楽郡である。しかも、京は地域行政のうえでは左右京職《さうきょうしき》が担当し、国司には属さない。したがって、ここでの大養徳は地方行政区分の大養徳国（大和国）ではなく、国号日本に相当する「やまと」をさすと考えられる。対外的に国号を大養徳と称した明証はないが、少し前の天平七年に新羅が国号を王城国《おうじょうこく》と改めたのと、同じようなことを今度は日本が行ったのである。

新都誕生を祝う

翌天平一四年正月元日の朝賀は、大極殿《だいごくでん》が未完成なので仮の殿舎を造って行われた。大極殿は朝廷の行事で最も重要な場所であるが、造営は遅れていたようである。七日に五位以上の宴、一〇日に武官の宴、一六日には踏歌《とうか》の宴と宴会が続き、一六日の宴では史生など下級官人の宴もあり、六位以下の人らが「新しき年の始めにかくしこそ、供《つかえ》奉《まつ》らめ万代までに」と天皇を讃える歌を歌った。また家が大宮に入った百姓二〇人に位階が与えられ、都のうちに入った人々には物が与えられた。二月一日には皇后宮で宴が開かれ、「天皇、歓びたまふこと甚だし」とされ、新都を謳歌した。

その後、八月五日に詔《みことのり》があり、恭仁宮の大宮の垣を築いた功によって、造宮録正八位下の秦下嶋麻呂《はたのしものしままろ》に従四位下の位階と太秦公《うずまさのきみ》の姓、多量の銭・絁《あしぎぬ》などが与えられた。

造宮録は造宮省の主典《さかん》であるから、宮の造営に関わるのは当然だが、八位から四位への昇進は破格であり、ほかの造宮省官人に対する褒賞は見られないので、嶋麻呂が特段の功績があったことを示している。秦氏は、こののち長岡京《ながおかきょう》や平安京《へいあんきょう》の造営でも大きな役割を果たしたことが知られているが、秦氏が持つ動員力が大きかったのであろう。

着実に進む京整備

八月一三日には、宮城《きゅうじょう》の南大路の西の辺と甕原宮の東との間に大橋を架け、その費用のために諸国司に国の大小にしたがって銭一〇貫から一貫を出させることとした。前年一〇月に築いた橋は左京の中心を渡る橋であったが、今回のものは恭仁宮の中心部から右京へと結ぶ通路であり、京の整備が着実に進められていた。

四　国分寺造営

詔の趣意

恭仁京に遷都後の天平一三年二月一四日、国分寺《こくぶんじ》造営を命じる詔が出された（『類聚三代格《るいじゅうさんだいきゃく》』）。この詔の発布は、『続日本紀』では三月二四日のこととするが、のちにこの詔が引用されるところでは二月一四日としているので、二月一四日が正しい日付のようである。長文の詔の文章には、『続日本紀』と『類聚三代格』とで小異があるが、その趣旨は次のようなものである。

(1)朕は、徳の薄い身で重い任を受け継いだが、このごろの凶作や疫病がおこり、自らの不徳を責め、福を求めている。そこで、「前年」に天下の神宮を修造させ、「去歳《さる》」には天下に一丈六尺の釈迦牟尼仏像《しゃかむにぶつぞう》を造らせ、大般若経《だいはんにゃきょう》一部ずつを写させた。そうしたところ、今春より秋の稔りまで天候が順調で、豊作となった。これは、真心を尽くしたことに神霊が応えてくれたものである。

(2)金光明最勝王経《こんこうみょうさいしょうおうきょう》には「国土にこの経を流布させれば、四天王《してんのう》が擁護して、一切の災いを除き、憂愁や疫病も除去する」と説かれている。そこで、諸国に七重塔を造り、金光明最勝王経と妙法蓮華経《みょうほうれんげきょう》各一部を書写させよ。

(3)朕は別に金字の金光明最勝王経を写し、塔ごとに安置させる。塔を造る寺は必ずよい場所を選んで、国司らは荘厳と清浄を保つよう努めよ。

(4)僧寺には食封《じきふ》五〇戸、水田一〇町を施し、二〇名の僧を置き、金光明四天王護国之《ごこくの》寺《てら》と名づける。尼寺には水田一〇町を施し、尼一〇人を置き、法華滅罪之《ほっけめつざい》寺と名づける。僧尼に欠員が生じたら、すぐに補充せよ。僧尼は毎月八日に最勝王経を転読し、月のなかばに戒羯磨《かいこんま》を誦《しょう》せ。毎月の六斎日《ろくさいにち》に殺生を禁じ、国司らが検校《けんぎょう》を加えよ。

(5)願っていることは、天神地祇《てんじんちぎ》が和順して永く国家を護ること、過去の天皇の冥福と、元正太上天皇・大夫人藤原宮子・光明皇后・皇太子阿倍内親王以下の親王と右大臣《うだいじん》橘諸兄らが彼岸に向かうこと、藤原不比等《ふひと》と橘三千代《みちよ》の霊が浄土で先帝に奉仕し、過去から現在までの臣下とその子孫が君臣の礼を守り、庶民までを救うことなどである。

発布の時期

この詔の(1)の部分で、凶作や疫病が続いたことが述べられているが、凶作は天平七年・八年に顕著であり、疫病は天平七年・九年に被害が大きかった。それに対して、天下の神社を修造させたのは、『続日本紀』天平九年一一月癸酉《きゆう》（三日）条に「使を畿内と七道に遣して、諸《もろもろ》の神社を造らしむ」とするのにあたり、釈迦の丈六《じょうろく》仏像を造り大般若経を写させたのは、同天平九年三月丁丑《ていちゆう》（三日）条の「国毎《ごと》に、釈迦仏像一体、挟侍《きょうじ》菩薩《ぼさつ》二躯《く》を造り、兼ねて大般若経一部を写さしめよ」に該当する。これらのことを「前年」「去歳」と言っているのは天平一三年ではなく、天平一〇年の方がふさわしい。そして「今春より已来《いらい》、秋稼《しゅうか》に至るまで」豊作であったと述べているのは、二月一四日に発した詔としては不自然であり、秋か冬の時期に書かれた文章と考えるべきである。

ねらいは仏の加護と秩序維持

そこで、この詔は天平一〇年の秋から冬に発布された詔がもとになっているとする説が古くから提起されている。

また同天平一二年六月甲戌《こうじゅつ》（一九日）条には「天下の諸国をして、毎国《くにごと》に法華経十部を写し、幷《あわ》せて七重塔を建てしむ」とあり、これは国分寺造立詔の⑵の部分に相当するので、天平一二年に出された詔であるとする説もある。

そして、天平一三年正月には故太政大臣《だじょうだいじん》（藤原不比等）の家から食封五〇〇〇戸を返上する申し出があり、二〇〇〇戸は家に残し、三〇〇〇戸は「諸国の国分寺に施し入れて、丈六仏像を造る料に充つ」という処分が行われている。⑷の部分で僧寺に各五〇戸の食封を施すのは、この三〇〇〇戸が前提となっていて、これを約六〇国に分配したから各五〇戸となる。つまり、⑷の部分は天平一三年二月の命令として不自然ではない。このように見てくると、天平一三年二月には国分寺の食封・寺田《じでん》などの財源と僧尼の数、それに寺号を定め、造営を強く命じたのであり、その際に前に発令された詔の文言をそのまま繰り返し、新たな項目を付加して詔の文章が作られたと考えられる（角田文衛「国分寺の創設」）。おそらく⑶⑸の部分も同じく天平一三年に加えられたのであろう。

造仏や造塔を命じても、ただちに行われるわけではない。丈六仏像も天平九年に造営が命じられたが、天平一三年の正月にまだ完成していない国が多かった。天平一二年に命じられた造塔も手つかずであるので、財源を与えて造営を督促したのが天平一三年二月の国分寺造営の詔であったのである。すなわち国分寺造営は、疫病や飢饉に対して仏教の力によって、それを除くことを願ったことから始まり、藤原広嗣の乱により、君臣の秩序維持までを含む形で、より強く造営が督促されたと考えられる。

皇后の意向

天平一三年正月の藤原不比等の食封返上は、広嗣の乱に対する藤原氏の謝罪のために光明皇后が申し出たと見られる。国分寺造営の詔の(5)の造営の趣意で、藤原不比等と橘三千代の霊が浄土で先帝の霊に奉仕することをあげているのは、光明皇后の父母であるからであり、この発願《ほつがん》が光明皇后の意思であったことを反映している。国ごとに寺を建立することは、唐で州ごとに寺を置く例があり、とりわけ則天武后《そくてんぶこう》が諸州に大雲寺《だいうんじ》を置いたことが手本となったと考えられている。光明皇后が則天武后を範としたことは、よく知られたことであり、また僧寺だけでなく尼寺も造らせたところにも光明皇后の意向が強く表れている。

国家事業としての国分寺造営

そして国司が主導して造営と維持を行うことを命じていることは、この国分寺造営が国家的な事業であったことを示している。太政官首班であった橘諸兄も、当然ながら国分寺造営に関わっている。それまでの地方に対する仏教政策は、地方豪族が造った寺院を公認して統制に組み入れていくものであったが、それに対して国分寺・尼寺は、既存の寺を利用するのでなく、政府が財源を与えて、国司に主導させて新たな寺院を造らせるもので、従来のあり方と大きく異なっている（中村順昭「国師と地方寺院」）。国司が経営する寺院を、それぞれの国の寺院の中心に位置づけようとしたのであり、藤原武智麻呂《むちまろ》政権から橘諸兄政権へと受け継がれた、国司の権限拡大の一つに位置づけることができる。

ただし国司の力による造営はあまり進捗せず、天平一九年一一月には造営を督促する詔が出された。そこでは造営を担った郡司には子孫を郡領《ぐんりょう》に任じることにして、郡司の協力を求めている。国司の力だけでは十分に造営が進まなかったのであるが、それでも国司に主導させる方針は継続している。

五　紫香楽行幸と大仏建立

恭仁から紫香楽へ通じる道

恭仁宮・京の整備が進められるいっぽうで、天平一四年二月には恭仁京の東北道を開き、近江国甲賀《こうか》郡に通じさせ、紫香楽宮造営への動きが始まった。

いざ紫香楽宮へ

紫香楽への道路造りは時間がかかったようで、八月一一日に紫香楽村へ行幸することを詔して智努王と高丘河内《たかおかのかわち》らを造離宮司《ぞうりきゅうし》に任じ、そののち装束司《しょうぞくし》、前後次第司も任じて準備を整えて、二七日に出発した。出発にあたり、知太政官事鈴鹿王と参議巨勢奈弖麻呂、右大弁紀飯麻呂が恭仁京の留守に、参議大伴牛養、民部卿《みんぶきょう》藤原仲麻呂が平城の留守に任じられた。平城の留守を任じているのは、恭仁京遷都から一年半以上たっても平城京には機能が残っていたためであろう。二七日に出発して九月四日には恭仁京に還っているので、足かけ七日の行幸であったが、事前の準備や留守官の任命など、大がかりな行幸であった。留守官でない橘諸兄は行幸に従ったのだろう。

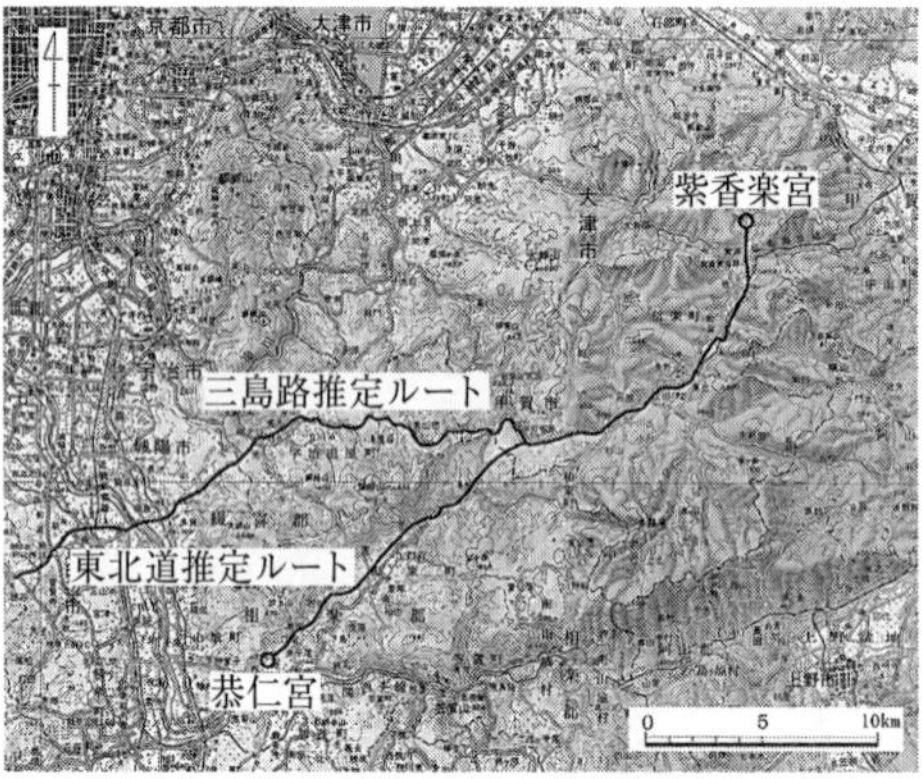

恭仁宮から紫香楽宮への推定経路
(『甲賀市史　第一巻　古代の甲賀』より)

紫香楽宮の所在地と規模

紫香楽宮は、恭仁宮の東北約二〇キロの距離にある。滋賀県甲賀市信楽《しがらき》町の宮町《みやまち》盆地の宮町遺跡で中枢の建物跡が見つかって、天平一三年から一七年にかけての木簡《もっかん》も多数発見されている。宮町盆地は東西・南北とも一キロ足らずで京を営むには狭い地域である。宮町盆地の約一キロ南に甲賀寺《こうかでら》の遺跡があり、大仏造営はこの甲賀寺付近で始められたと考えられている。かつては甲賀寺の場所が紫香楽宮跡と考えられていて、大正《たいしょう》一五年（一九二六）に「紫香楽宮趾」として国の史跡に指定されていたが、その後宮町遺跡なども追加指定されている。この付近一帯に天皇の居所のほかに官衙《かんが》や貴族の居住地などが広がっていたのであろうが、その規模や造営過程など未解明な部分が多い。

現在の紫香楽宮周辺
（『甲賀市史　第一巻　古代の甲賀』より）

相次ぐ参議の死

この紫香楽行幸の直後の一〇月一四日に参議県犬養石次が没し、一一月二日には参議大野東人が没している。伝統的有力豪族ではないなかから登用された二人の参議が相次いで没したのである。

正月は紫香楽宮で

一二月二九日、再び紫香楽宮に行幸した。前回と同じ鈴鹿王、巨勢奈弖麻呂、紀飯麻呂に加えて藤原仲麻呂の四名が留守に任じられ、平城宮の留守は任じられなかったようである。このときも橘諸兄は同行したが、翌日の天平一五年正月一日に橘諸兄が先発して恭仁京に戻り、翌二日に聖武天皇も恭仁宮に還り、三日に恭仁宮で百官の朝賀が行われた。天皇は紫香楽宮に二泊しただけの短期の行幸だが、あえて元日朝賀を三日にずらして行っていて、正月を紫香楽宮で迎えることに聖武天皇はこだわったようである。元日に天皇が都に不在となるのは異例のことで、恭仁京に残る官人たちに不満が生まれていたと想像される。太政官首班の右大臣橘諸兄を一日早く元日に帰京させたのは、官人たちの不満をやわらげようとしたのだろう。

なお、『続日本紀』では、紫香楽行幸に出発したのが一二月庚子《こうし》(二九日)、諸兄が帰京したのが一五年正月辛丑朔《しんちゅうついたち》、天皇が帰京したのが壬寅《じんいん》(二日)で、干支が連続していて、一四年一二月は小の月であったことになる。ところが、正倉院文書《しょうそういんもんじょ》のなかに天平一四年一二月三〇日付けの僧行聖《ぎょうしょう》の優婆塞貢進解《こうしんのげ》があり(『大日本古文書《だいにほんこもんじょ》』二巻三二四頁)、一四年一二月が大の月で三〇日まであったかもしれない。そうだとすると、諸兄が帰京した辛丑は一二月三〇日で、聖武天皇は正月一日に恭仁宮に戻ったことになる。しかし、

『続日本紀』の原史料が日付で書かれていたか、干支で書かれていたか不明で、優婆塞貢進解の日付に誤りがある可能性もあるので、どちらが正しいか判然としない。『続日本紀』の原史料のあり方に関わる問題であるが、いずれにしても聖武天皇が元日を紫香楽宮で迎えたことには変わりはない。

金光明寺での法会

天平一五年正月一三日には聖武天皇の詔によって、大養徳国金光明寺《こんこうみょうじ》（大和国分寺。のちの東大寺《とうだいじ》）で衆僧を集めて四九日間の金光明最勝王経の転読を命じ、また全国での読経と殺生禁断を命じた。全国的には国分寺の造営は滞っていたが、さすがに大養徳国では先行していた。天皇自身がこの法会《ほうえ》に赴いたわけではないが、三月四日の読経最終日には橘諸兄が金光明寺に派遣されて衆僧を慰労した。

三度目の紫香楽宮行幸

四月三日に、またも紫香楽宮に行幸した。今回の留守は、橘諸兄、巨勢奈弖麻呂、紀飯麻呂で、平城宮の留守が宮内少輔《くないのしょう》の多治比木人《このひと》であった。橘諸兄は過去二回の紫香楽行幸には随行したが、今回は留守となった。前回の行幸で先発して帰ったように、恭仁京に残る官人たちをまとめるために、諸兄の存在が必要だったのだろう。あるいは諸兄は、天皇の度重なる紫香楽行幸に批判的になったのかもしれない。天皇は一〇日余り紫香楽宮に滞在して、一六日に恭仁宮に還った。二二日には陪従した五位以上二八人と六位以下二三七〇人に禄《ろく》が与えられた。六位以下の人数が多いのは、内舎人・大舎人や中衛などが多かったためであろう。それに比べると五位以上の官人数が少ないのは、この行幸が政府をあげてのことではなく、天皇個人の意向によるものであったからだろう。

三位一体の五節舞

五月五日、恭仁京の内裏で宴が催され、皇太子阿倍内親王が五節舞《ごせちのまい》を舞った。天皇は橘諸兄を介して、宣命《せんみょう》を元正太上天皇に伝えさせて、「天武天皇が天下を平定し、上下の秩序を保つには礼と楽が大切だと考えて、この舞を始めたと聞いています。それを皇太子に学ばせ、太上天皇の前に奉献させます」と述べた。それに対して元正太上天皇は、「天皇が皇太子に五節舞を奉仕させたので喜んでいます。今日の舞は、天下の人々に君臣・親子の理を教え導くものです。そのことを忘れないように、人々に位階を与えてもらいたい」と応答した。これを受けて、群臣たちに対する聖武天皇の詔を橘諸兄が宣し、「今日の五節舞を祝って、代々仕えてきた人々に位階を昇進させるので、君臣・親子の理を忘れずに、後の天皇にも長く奉仕しなさい。また春宮坊《とうぐうぼう》の官人には位階を一階与え、特に博士《はかせ》（東宮学士《とうぐうがくし》）である下道真備には二階を与えなさい」と命じ、多くの人々への叙位が行われた。

この五節舞は、群臣たちに対して皇太子阿倍内親王の存在を強調するデモンストレーションである。それとともに、聖武天皇と元正太上天皇との応答によって、太上天皇・天皇・皇太子の三者が一体であることを示したものである。橘諸兄が天皇と太上天皇の応答を仲介し、官人らに皇太子への忠誠を命じる詔を宣して、太政官のトップである諸兄がその結集を支えていることを示すものであった。

塩焼王、流罪となる

この前年の天平一四年一〇月には、塩焼王が五人の女孺《にょじゅ》とともに流罪に処される事件が起こっている。塩焼王は新田部《にいたべ》親王の子で、一回目の紫香楽行幸では前次第司を務めていた。聖武天皇の娘不破内親王を妻としていて、天皇からの信任も厚かった。流罪となった理由は明らかでなく、女孺が同時に流罪となっているから、後宮《こうきゅう》の女性との性的なスキャンダルだったのかもしれないが、それだけで流罪となるとも考えにくい。

不破内親王は、後に称徳《しょうとく》天皇の怒りを買って内親王を剝奪されて厨《くりやの》真人《まひと》厨女《くりやめ》の姓名となったが、そのときの称徳の詔に「先朝（聖武天皇）に勅があって親王の号を削られた」とある（『続日本紀』神護景雲三年五月壬辰《じんしん》〈二五日〉条）。聖武天皇から内親王号を剝奪されたのは、このときであった可能性が高い。そうだとすると、ますます塩焼王だけの性的スキャンダルとは考えられない。

狙われる皇太子の地位

塩焼王は天平一八年には許されて本位の正四位下に復して、しだいに勢力を回復し、聖武没後に孝謙《こうけん》天皇の皇太子を選ぶときには候補者にあげられたが、太上天皇（聖武）が無礼を責めていたとして孝謙天皇から却下されている（天平宝字《ほうじ》元年〈七五七〉四月辛巳《しんし》〈四日〉条）。孝謙天皇（阿倍内親王）からは即位後も嫌われていたようで、聖武が責めた無礼とは、阿倍内親王に代わって自らが皇太子となることを求めるなど、皇位継承に関わることであって、それに不破内親王も関与していた可能性が高い。そして女孺五人が流罪となったのは、後宮でも塩焼王を支持する動きがあったとみられ、皇太子である阿倍内親王は後宮で必ずしも好意的に迎えられていなかったと推測される。

また阿倍内親王の異母弟安積《あさか》親王が一六歳になっていて、聖武天皇が皇太子となった年齢を超えている。安積親王を皇太子に擁立しようとする動きが具体的に知られるわけではないが、阿倍内親王の皇太子としての立場は不安定であったと思われる。そのような背景があって、皇太子の地位を確実にするための五節舞であった。それを演出したのは、表面には現れていないが、光明皇后であろう。また橘諸兄も大切な役割を果たしているので、諸兄はこの時点でも皇太子を支えていた。

太政官の新たな顔ぶれ

この五節舞による叙位で橘諸兄には正二位から従一位が与えられ、右大臣から左大臣《さだいじん》へと昇進した。橘奈良麻呂《ならまろ》も従五位上から正五位上に二階昇進した。また藤原豊成と巨勢奈弖麻呂が中納言《ちゅうなごん》となり、藤原仲麻呂と紀麻路が新たに参議に任じられた。参議では前年に大野東人、県犬養牛養、前々年に大伴道足が死去しており、議政官《ぎせいかん》は四名が残るのみであったので、その補充である。

藤原仲麻呂は、この年三八歳、藤原南家《なんけ》武智麻呂の子で、豊成の弟である。こののち橘諸兄を乗り越え、また兄の豊成を排斥して絶大な権力を握るようになる。諸兄の最大のライバルとなった人物で、その公卿への参加である。

紀麻路は前年に従四位下に昇ったばかりの抜擢で、紀氏からは慶雲《けいうん》二年（七〇五）に大納《だいな》言《ごん》で没した紀麻呂以来の公卿進出である。左大臣橘諸兄、中納言巨勢奈弖麻呂・藤原豊成、参議大伴牛養・藤原仲麻呂・紀麻路の太政官の構成が、天平二〇年までしばらく続くことになる。

四度目の紫香楽宮行幸

七月二六日、またも紫香楽宮に行幸に出発した。四回目である。留守には橘諸兄、鈴鹿王、巨勢奈弖麻呂が任じられ、太政官のトップ三人が恭仁京にとどまった。天皇は一一月二日まで、三ヶ月余り滞在した。その間、九月二一日には紫香楽宮の所在郡である甲賀郡の調庸《ちょうよう》を畿内に准じ、調は半減、庸は免除とされた。

大仏造立の詔

そして、一〇月一五日に盧舎那大仏《るしゃなだいぶつ》造立の詔が発せられたのも、この行幸で紫香楽宮滞在中のことである。一九日には大仏造立のための寺の地を開き、それに行基が弟子たちを率いて多くの民衆を参加させたという。大仏造立の詔は、「天下の富を有《も》つは朕なり。天下の勢いを有つは朕なり。この富と勢いとを以てこの尊像を造らむ」という文でも知られるように、聖武天皇が自分の財力と権力によって造ることを宣言している。そのいっぽうで、「広く法界《ほうかい》に及ぼして朕が智識《ちしき》とす。遂に同じく利益を蒙りて共に菩提を致さしめむ」として、広く智識（知識）、すなわち志を同じくする人々が協力することで功徳が広く及ぶことを述べて賛同者を募り、国司・郡司がこのために百姓を強制することを戒めている。強制はしないが、協力は求めるということである。

大仏造立は天皇たっての願い

この知識による造仏は、天平一二年二月に難波宮に行幸したときに河内《かわち》国大県《おおあがた》郡の知識寺《ちしきじ》（推定地は大阪府柏原《かしわら》市太平寺《たいへいじ》二丁目で、礎石《そせき》などがある）で盧舎那仏を礼拝して、自分もこのような造仏を考えたとされている（『続日本紀』天平勝宝《しょうほう》元年〈七四九〉一二月丁亥《ていがい》〈二七日〉条）。聖武天皇個人の強い思いによる造仏発願である。国分寺造営が寺田や封戸《ふこ》を財源として国司が推進する政府の事業であったのに対して、大仏造営は天皇個人が行う事業として始められたというところに、二つの事業の性格の違いがある。ただし、詔発布の翌日に東海・東山・北陸《ほくりく》三道の今年の調庸を紫香楽宮に送らせることが命じられていて、これは大仏造営のための財源を確保するためと見られるので、当初から政府の財源を利用した事業でもあった。

大仏造立の協力者たち

知識に関しては、大仏造営が奈良に移ってからの段階であるが、天平一九年九月に、盧舎那仏の知識として河内国の河俣人麻呂《かわまたのひとまろ》と越中国《えっちゅう》の砺波志留志《となみのしるし》が銭・米を献じて叙位されたのをはじめ、『続日本紀』には大仏への貢献によって叙位された記事が散見する。天皇の求めに応じる人々が多かったのである。また『東大寺《とうだいじ》要録《ようろく》』の「造寺材木知識記《ぞうじざいもくちしきき》」には、材木知識五万一五九〇人、役夫一六六万五〇七一人、金知識三七万二〇七五人、役夫五一万一九〇二人という数が記されている。協力した豪族らは自発的に財物や役夫を提供したのだろうが、動員された役夫は豪族らによって強制されたものであったのだろう。

のち天平宝字元年に、反乱に失敗した橘奈良麻呂が藤原仲麻呂の失政として「東大寺を造りて人民苦

河内知識寺の塔礎石
（『甲賀市史　第一巻　古代の甲賀』より）

大仏造立に対する諸兄の姿勢

辛す」をあげたのに対して、東大寺を造ったのは汝《みまし》の父〈諸兄〉のときから始まったと反論されて返答に窮したことがある〈『続日本紀』天平宝字元年七月庚戌《こうじゅう》〈四日〉条〉。橘奈良麻呂は大仏造営が父の諸兄の行った事業とは意識していなかったのである。このときの紫香楽行幸には諸兄は同行していないので、諸兄は大仏造営の詔に関与しておらず、大仏造営にはあまり積極的ではなかったことがうかがえる。

いっぽう、大仏を本尊とするはずの甲賀寺には造甲賀寺所《ぞうこうがでらしょ》が置かれたが、造甲賀寺所の官人には春宮坊の官人が兼務していたことが知られている〈栄原永遠男『聖武天皇と紫香楽宮』〉。皇太子阿倍内親王は大仏造営に積極的に関わっていた。

六　難波遷都と安積親王の死

恭仁宮造営の停止

天平一五年一一月二日に、天皇は恭仁宮に還り、一二月二四日には、平城京の武器類を運ばせて恭仁宮に収めた。、平城京に代わる首都としての恭仁京の防備を強化したのであろう。ところが、その一方で、一二月二六日には恭仁宮の大極殿の造営がほぼ終わり、紫香楽宮を造営するためとして、恭仁宮の造作が停止された。

都は恭仁か難波か

天平一六年には難波宮へ遷る動きが始まった。正月一五日、難波宮への行幸のための装束次第司が任じられた。閏正月一日には、百官を朝堂《ちょうどう》に集めて恭仁と難波のどちらを都とするか、希望を述べさせたところ、恭仁京を希望したのが五位以上二四人、六位以下一五七人で、難波京を希望したのが五位以上二三人、六位以下一三〇人であった。五位以上官人は一〇〇人以上いたはずなので、意見を述べたのはその半分以下であったが、ほぼ半々に意見が分かれた。さらに四日には参議の巨勢奈弖麻呂と藤原仲麻呂を恭仁京の市に派遣して市人の意見を聞いたところ、市人はみな恭仁京を都とすることを願い、難波京を望む者は一人、平城京を望む者は一人であった。

難波宮は、聖武天皇が即位して早い時期から造営が行われていた。天平六年には官人らに難波京で宅地が班給されていて、副都として機能していた。官人の半分が難波京を希望したのは、そのためであろう。それに対して市人の多くが平城京から移ってきた人々であった。難波の地域では、それとは別に商業活動が行われていた。平城京・恭仁京を拠点とする市人たちにとって、ようやく落ち着きかけた恭仁京を離れて、難波の経済圏に参入することは望まなかったのだろう。

この聞き取りで市人に恭仁京を望む者が多かったためか、閏正月九日には京職に命じて、諸寺や百姓に舎宅を造らせ、恭仁京の整備は継続する姿勢を示した。ところが、その二日後の一一日には、留守官に鈴鹿王と藤原仲麻呂を任じて難波宮への行幸に出発して、結局そのまま難波への遷都となった。その後、聖武天皇は難波から紫香楽に遷り、恭仁京は再び都となることはなかった。

安積親王の死

難波行幸に出発した閏正月一一日、桜井《さくらい》頓宮（東大阪《ひがしおおさか》市六万寺《ろくまんじ》付近）で聖武天皇皇子の安積親王が脚病《かくびょう》となり、恭仁宮に戻り、その二日後の一三日には急死した。安積親王は、母が県犬養広刀自《ひろとじ》、この時点では聖武天皇の唯一の男子で、一七歳であった。皇太子阿倍内親王の影に隠れるような存在だったが、それでも安積親王が成長するのにともない、その周辺に集まる貴族もあった。光明皇后からは煙たがられるような微妙な立場であった。

家持による挽歌

『万葉集』には、安積親王の没後に内舎人大伴家持が詠んだ挽歌《ばんか》があり（四七五～四八〇番）、前年の天平一五年冬頃に安積親王が左少弁《さしょうべん》藤原八束《やつか》（のち真楯《またて》）の家で宴を催したときにも、大伴家持が歌を詠んでいる（一〇四〇番。年時は歌の配列より推定）。また難波行幸の一ヶ月前の天平一六年正月一一日、活道岡《いくじのおか》での集いでの市原《いちはら》王と大伴家持の歌がある（一〇四二・四三番）。活道岡は比定地不詳だが、家持の挽歌にも詠まれた安積親王に所縁

安積親王を取り巻く人間関係

の地であるので、この集まりも親王を中心とした行楽と推定される。

正月には元気であった安積親王が一ヶ月後に急死したのが不自然であり、河内国の桜井頓宮からは難波宮の方が近いのに恭仁宮に戻ったこと、恭仁宮の留守には藤原仲麻呂がいたことなどから、仲麻呂による暗殺とする説もある（横田健一「安積親王の死とその前後」）。この説では、皇太子阿倍内親王を擁する藤原氏と、安積親王に皇位継承の期待をかける反藤原氏の対立を想定し、橘諸兄を反藤原氏の中心に位置づけている。

しかし、橘諸兄は血縁関係で見れば、母の三千代と県犬養広刀自とが同族であるといっても血縁関係が不詳であり、広刀自の所生の安積親王よりも、異父妹である光明皇后所生の阿倍内親王の方が近い関係にあった。阿倍内親王の五節舞で重要な役割を果たしているように、諸兄は皇太子を支える立場にあった。光明皇后との円満な関係が保たれている限りでは、安積親王を擁立する必要性は感じられない。

『万葉集』から安積親王との交流が知られる三名のうち、藤原八束（真楯）は房前《ふささき》の子、母は橘諸兄の同母妹牟漏《むろ》女王で、この頃は正五位上、三〇歳であった。八束は薨伝《こうでん》では仲麻呂に嫌われていたとあるが、いっぽう「度量弘深」と評され、聖武天皇の厚遇を受けたとあり（『続日本紀』天平神護二年〈七六六〉三月丁卯《ていぼう》〈一二日〉条）、皇后に反旗を翻す可能性は少ない。

市原王は、天智《てんじ》天皇の四世孫（天智―施基《しき》親王―春日《かすが》王―阿貴《あき》王―市原王）、前年の天平一五年五月に無位から従五位下に昇ったばかりである。天平五年から作歌が知られるので（『万葉集』九八八番）、すでに三〇歳前後にはなっていたと思われるが、皇親のなかでさほど有力であったとはいえない。また、この後も造東大寺司《ぞうとうだいじし》で活動していて、造東大寺司は光明皇后との関係が深いので、光明皇后との関係は良好であったと考えられる。

大伴家持は、安積親王に対する痛切な挽歌を詠んでいることから、親王との密接な関係も認められるが、家持はこのとき、二七歳の内舎人であり、内舎人のなかの安積親王付きであったのかもしれない。これら三人はいずれも若手官僚であり、一派を形成するような力があったとは考えがたい。

安積親王の最も有力な後見者と推定されるのは、県犬養広刀自の同族の参議県犬養石次であったが、石次は天平一四年に没している。橘諸兄が安積親王の支援者でないとすれば、この時点では安積には皇太子を脅かすような有力な勢力がついていたとは想定しにくい。近い将来に安積親王が成人するので、その周囲に有力貴族が集まることを懸念して、事前に不安要素を排除しようとした可能性までは否定できないが、この時点で光明皇后や藤原仲麻呂が皇子殺害という危険を犯したとは考えにくい。また、この段階から橘諸兄と藤原仲麻呂との間に対立関係があったと考える必要もないだろう。桜井頓宮から、あえて遠い恭仁宮に戻ったのは、母の県犬養広刀自が恭仁宮にとどまっていたなどの理由も考えられる。

聖武の反応

安積親王の死は、聖武天皇にとっては実子の死亡であるから、大きな痛手であっただろうが、死去の日に使者を遣わして葬送のことを監護させただけで、神亀五年の皇太子某王死去のときと比べて天皇の対応は冷淡であった。安積親王の死去にもかかわらず、聖武天皇は難波宮にとどまり、遷都の動きは進められた。

鈴と印を難波へ

二月一日、難波から少納言《しょうなごん》茨田《まんた》王を恭仁宮に遣わして、駅鈴《えきれい》と内印《ないいん》・外印《げいん》を取らせ、また諸司と諸国朝集使《ちょうしゅうし》を難波宮に送らせた。内印・外印は天皇や太政官の命令を伝える公文書を発行するために必要であり、駅鈴はその公文書を諸国に伝達する駅使の証明となるものである。これらを難波宮に運ばせたことは難波宮が実質的に政府の所在地とすることを示している。翌二日に中納言巨勢奈弖麻呂が鈴・印を持って難波宮に到着した。巨勢奈弖麻呂は恭仁京の留守には任じられていなかったが、恭仁京にとどまっていたようである。

留守官の任命

また同じく二日には、留守官が改めて任命されて、恭仁宮留守には、鈴鹿王、木工頭《もくのかみ》小田《おだ》王、兵部卿大伴牛養、大蔵卿《おおくらきょう》大原桜井《おおはらのさくらい》、大蔵大輔《たいふ》穂積老《ほづみのおゆ》が任じられ、平城宮留守には治部《じぶ》大輔紀清人《きのきよひと》、左京亮《さきょうのすけ》巨勢嶋村《しまむら》が任じられた。恭仁宮留守であった藤原仲麻呂は、ここで留守に任じられていないので、難波宮に合流したのだろう。

移動させられる人とモノ

さらに二月二〇日には、恭仁宮から高御座《たかみくら》と大楯《おおだて》を運ばせて、難波宮での儀礼にも備え、また兵庫《ひょうご》の武器類を水運を使って運ばせた。二一日には、恭仁京の百姓で難波に遷ることを願う者は許すとされた。京の住民のほとんどは、京に所在する官司などの運営に関わって活動していたのであるから、恭仁京から諸官司が移動してしまっては、恭仁京にとどまることは困難である。もともと相楽郡に居住していた人々は別にして、平城京から恭仁京に移った人々にとっては、難波への移住を許すといっても、実質は移住を命じられたに等しかったであろう。一ヶ月余り前に市人の希望を聞き、ほとんどが恭仁京にとどまることを望んでいたにもかかわらず、恭仁京は廃されてしまった。市人たちに不満が高まったことは容易に想像される。

「二所朝廷」の発生

このように難波への遷都を強行したにもかかわらず、その四日後の二月二四日、聖武天皇は難波宮を離れ、紫香楽宮への行幸に出てしまった。天皇は盧舎那仏造営に専念したのか、こののち一年余り紫香楽に居続けて難波に戻らなかった。皇后と皇太子は天皇とともに紫香楽に移ったようだが、元正太上天皇と橘諸兄は難波に残った。一一月に元正が紫香楽宮に遷るまで約九ヶ月にわたって、天皇と太上天皇が紫香楽と難波に分かれた状態となった。のちの淳仁《じゅんにん》天皇と孝謙太上天皇、嵯峨《さが》天皇と平城《へいぜい》太上天皇のような抗争には至らなかったが、「二所朝廷」の状態となったのである。

政府は難波にあり

二月二六日、「今、難波宮を以て定めて皇都《みやこ》とす。この状を知りて、京戸の百姓、意《こころ》の任《まにま》に往来すべし」という勅を左大臣橘諸兄が宣した。聖武天皇は難波に不在であるので、この勅は元正太上天皇によるものである。難波に遷都すること自体は、前月から実質的には行われていたのであるから、聖武天皇の意に反してのことではない。遷都を予定していながら天皇が難波を離れてしまうという不可解な状態となったことで、官人や市人たちの動揺があったと考えられ、それを和らげる意味合いが強かったのであろう。

三月一一日には、石上《いそのかみ》・榎井《えのい》の二氏が難波宮の門に楯と槍を立てた。石上・榎井両氏が楯・槍を立てるのは、通例では大嘗《だいじょうさい》祭や元日朝賀の際に行われるものである。それを三月一一日に行ったのは、難波宮が都であることを示す儀礼が行われたのだろう。そして、これを主催したのは元正太上天皇と太政官首班の左大臣橘諸兄であり、政府の所在は難波宮であることを示したものである。

智努行幸

その後しばらくは難波宮での動向は不明だが、七月二日に、元正太上天皇は智努離宮に行幸し、仁岐河《にきがわ》（大和川《やまとがわ》の支流か）を経て八日に難波に戻っている。智努宮は、珍努宮・和泉宮とも記し、現在の大阪府和泉《いずみ》市・泉佐野《いずみさの》市のあたりにあった宮で、元正天皇在位中の霊亀二年に河内国和泉・日根《ひね》二郡を珍努宮に供する郡とし、さらに大鳥《おおとり》郡を加えた三郡を和泉監《げん》として、芳野《よしの》監と並ぶ特別な行政区域とした。翌養老元年二月と一一月、さらに養老三年二月と、三回にわたり行幸を繰り返し、元正天皇は気に入っていたようである。その後、聖武天皇は智努宮に行幸することはなく、天平一二年に和泉監も河内国に併合されたが、離宮は維持されていた。その智努宮に行幸することで、元正太上天皇の存在を再確認させる意味があったのだろう。

諸兄と太上天皇の関係

この智努行幸に橘諸兄が同行したかどうかは不明だが、元正太上天皇は難波宮周辺に小規模な行幸も行った。『万葉集』巻第一八の四〇五六番歌以下は「太上皇の、難波宮に御在《いま》しししときの歌七首（清足姫《きよたらしひめ》天皇なり）」とあり、橘諸兄の、

堀江には玉敷《たまし》かましを大君《おおきみ》を御船《みふね》漕がむとかねて知りせば（四〇五六番）

（堀江には玉を敷くべきでした。大君よ。御船を漕がれると、あらかじめ知っておりましたら）

と、元正太上天皇の、

玉敷かず君は悔いて言ふ堀江には玉敷き満てて継ぎて通はむ（四〇五七番）

（玉を敷かなかったとあなたが悔やんで言う、その堀江には玉を敷きつめて通い続けましょう）

の歌のやりとりがあり、左注には「右二首。件の歌は、御船の江《かわ》を泝《さかのぼ》りて遊宴せし日、左大臣の奏せしものと御製《ごせい》なり」とある。太上天皇と諸兄が難波の堀江に船を浮かべて遊宴したことがわかる。堀江での遊宴は一回だけでなく、ほかにもあったらしい（四〇六一・六二番）。

また「左大臣橘卿の宅に在りて肆宴《しえん》したまひしときの御歌と奏歌」として、元正太上天皇と、河内女王、粟田《あわた》女王の橘の歌各一首がある（四〇五八〜六〇番）。難波京にある橘諸兄宅での宴席に太上天皇が参加していて、諸兄と太上天皇との良好な関係がうかがえる。諸兄は、九月以前には紫香楽に移ったようだが、その間にも、難波と紫香楽の間を往還して、天皇と太上天皇の間を調整することに奔走したのかもしれない。

七　平城還都

仏教の都、紫香楽宮

いっぽう、紫香楽宮では、三月一四日に大和の金光明寺から大般若経六〇〇巻を運び、朱雀門《すざくもん》で音楽を奏でてこれを迎え、宮中の大安殿《だいあんでん》で僧二〇〇人を集めて転読《てんどく》を行った。紫香楽宮が仏教の都であることを示す象徴的な儀礼である。翌一五日には、難波宮でも大般若経の読経が行われた。

官司の整備

四月一三日には、紫香楽宮の西北で山火事があり、城下の男女数千人でこれを消した。城下とあるが、紫香楽宮に京が整備されていたかは疑問で、付近の人々ということであろう。また四月二三日には紫香楽宮での諸官司の造営・整備のために官司ごとに公廨銭《くがいせん》を給い、それを出挙《すいこ》して利息を用いて費用に充てることを命じている。紫香楽宮に官司を整えようとする聖武天皇の意思の表れである。出挙銭は宝亀年間に造東大寺司の写経所で行われたことが知られているが、その借り手となっているのは下級官人など、そこで働く人々である。紫香楽宮で官司の造営のため多くの人々が集められ、功賃が支払われたはずだが、それを出挙の形で一部を回収する方式を採用したのである。

八月には近江国の蒲生郡と神前《かんざき》郡の郡司に対して、紫香楽宮の周辺の山の木を切り払った功績によって位階を与えている。木を伐ったのは、官司の建物を造るための材木の調達と、土地の確保であろう。伐木にあたったのは郡司に率いられた民衆であるから、紫香楽宮周辺の民衆には負担が重なったことになる。

僧綱の統制

九月三〇日には、「僧綱《そうごう》、意に任せて印を用い、制度に依らず」として、僧綱の印を大臣のところに保管することと、僧綱の行う施策も太政官の許可を得てから行うべきことを命じる詔を発した。この時期には右大臣は欠員であるから、大臣とは左大臣橘諸兄である。この頃までに諸兄は紫香楽宮に遷っていたのである。また僧綱が印を勝手に用いてどのようなことを行ったのかは不明だが、僧綱のトップは僧正《そうじょう》の玄昉であった。玄昉は没伝で「栄耀《えいよう》日に盛んにして、やや沙門《しゃもん》の行いに乖《そむ》けり。ときの人これを悪《にく》む」と評されていて、その専横に対する批判が高まり、聖武天皇・光明皇后の信頼も失われていったと考えられる。翌天平一七年正月に行基を大僧正に任じて玄昉の上に立たせている。

巡察使の派遣

諸兄が紫香楽に遷った時期は明らかでないが、これよりさき九月一五日には、畿内・七道の巡察使が任命され、二七日には巡察使に対して調査すべき事項三二条などを定めた勅を発している。巡察使の派遣自体は珍しいことではないが、三二条のもの条項を定めたのは異例である。三二条の内容は不明だが、その勅のなかで、国司らが法令を守らず、利潤を貪ることが多いことを批判している。地方行政における国司の権限を強化してきたため、不当に利益を貪る国司もいたとみられる。また相次ぐ行幸・遷都によって中央政界が混乱し、地方官人らの綱紀も緩んでいたのであろう。この勅は聖武天皇の勅と考えられ、紫香楽宮整備のために地方の綱紀引き締めを図ったのだろうが、この頃には橘諸兄が紫香楽に移ってきて太政官が紫香楽で機能するようになったことで、巡察使の派遣が行われたと考えられる。

「二所朝廷」の解消

一一月一三日、紫香楽の甲賀寺で盧舎那仏像の体骨柱《たいこっちゅう》を建てる儀が行われた。体骨柱は大仏鋳造のための型の芯となる骨組みの柱と考えられている。天皇はみずから縄を引き、種々の音楽が奏でられ、四大寺（大安寺《たいあんじ》・薬師寺《やくしじ》・元興寺《がんごうじ》・興福寺《こうふくじ》）の衆僧が参列したという。盛大な儀式であり、橘諸兄も参加したであろう。元正太上天皇は、まだ難波宮にいたが、この儀礼の後に難波から紫香楽に遷り、一七日に紫香楽に到着した。ようやく天皇と太上天皇が紫香楽で揃うことになり、分裂状態が解消された。

都は紫香楽にあり

翌天平一七年正月、紫香楽宮の垣が未完成で、元日朝賀の儀式は行われなかったが、帳をめぐらして、兵部卿大伴牛養と佐伯常人が大楯槍を立て、紫香楽が都であることを示した。楯・槍を立てるのは、通常は石上・榎井の二氏であるが、倉卒《そうそつ》なことだったので、大伴・佐伯の両氏が担当したという。

正月七日には多くの官人らに叙位があり、宴が開かれ、二一日には行基を大僧正に任じ、一挙に僧綱の最上位とした。大仏造営に協力している功績によるものであり、大仏を中心とした都としての紫香楽宮が整えられつつあった。

相次ぐ災害とその要因

そのいっぽうで、四月にはいると一日、三日、八日、一一日と相次いで紫香楽宮の周辺で山火事がおこり、連日消えない大火もあった。紫香楽での造営に苦しむ民衆の不満による放火と考えられ、遷都に不満な官人らによるものもあったかもしれない。原因不明の火災は、神仏の祟りと考えられることが多かったので、四月二七日には諸国の田租を免じ、大赦を行って、天皇の徳を示そうとした。

ところが、その日に大地震がおこった。この地震は美濃国で特に大きかったようで、館舎や仏堂などが倒壊した。紫香楽宮周辺でも揺れは大きく、地震は五月に入っても続き、『続日本紀』には連日のように地震が記録されている。この時代の認識では、地震のような自然災害も、天皇の不徳・悪政に対する天の咎めの表れである。火災に続く地震で、紫香楽宮造営が悪政であるという考えが一挙に強まり、聖武天皇もそれを無視することはできなかった。

再び平城京へ

そのなかで、五月二日には太政官が官人を集めて、どこを京とすべきかを問うたところ、全員が平城京と答えた。四日には栗栖王《くるす》を薬師寺に派遣して四大寺の衆僧に同じく京について尋ねたが、全員が平城京と答えた。そこでついに聖武天皇も紫香楽宮を放棄し、六日には恭仁京に遷った。このときに恭仁京の百姓は万歳を唱えたという。さらに七日には、使者を派遣して平城宮を掃除させた。このときには諸寺の衆僧が浄人《じょうにん》・童子《どうじ》らを引き連れて競って集まり、また百姓も集まってきたが、農繁期であるので慰労して帰した。一〇日には平城宮で大般若経の読経が行われ、恭仁京の市人は続々と平城京に移っていった。一一日には、紫香楽宮には盗賊が多く、また火事も消えなかったので、衛門府《えもんふ》の衛士《えじ》らを遣わして官物《かんもつ》を収めさせ、天皇は平城宮に入り、官人らはもとの庁舎に移った。天平一二年一〇月に東国行幸に出発してから、四年半ぶりの平城京帰還である。

複数の都

この天平一七年の時点での都のあり方を考えるうえで注目される史料として、諸官司の大粮《たいろう》請求文書と呼ばれる一群の文書が正倉院文書のなかにある（『大日本古文書』二巻に所収)。諸官司が仕丁《しちょう》などの食料を民部省《みんぶしょう》に請求した文書で、天平一七年の二月、四月、八月、一〇月のものが少しずつ残っている。各月の二〇日前後に翌月の分を請求したもので、官司によっては甲賀宮(紫香楽宮)、久爾宮(恭仁宮)、難波宮、奈良宮のように宮の

表　大粮請求文書にみる仕丁などの配属予定人数

	紫香楽宮	恭仁宮	難波宮	平城宮
〈5月分〉				
園池司		1		
木工寮	169	139		
大炊寮	56	6	2	
主殿寮	67	4		
内膳司		61		
内掃部司	62	14	2	
内蔵寮	12	12		
掃部司	22	16		
兵部省	8	4		
刑部省		41		
大蔵省	8	7		
左兵衛府	7	1		
右衛士府	634	113		45
民部省	144	6	1	
〈9月分〉				
内薬司	2	2		
式部省	2			6
〈11月分〉				
木工寮	22			246
皇后宮職	16			26
諸陵寮				2
造宮省	586			787
造甲賀寺所	167			

乱立する官人・仕丁

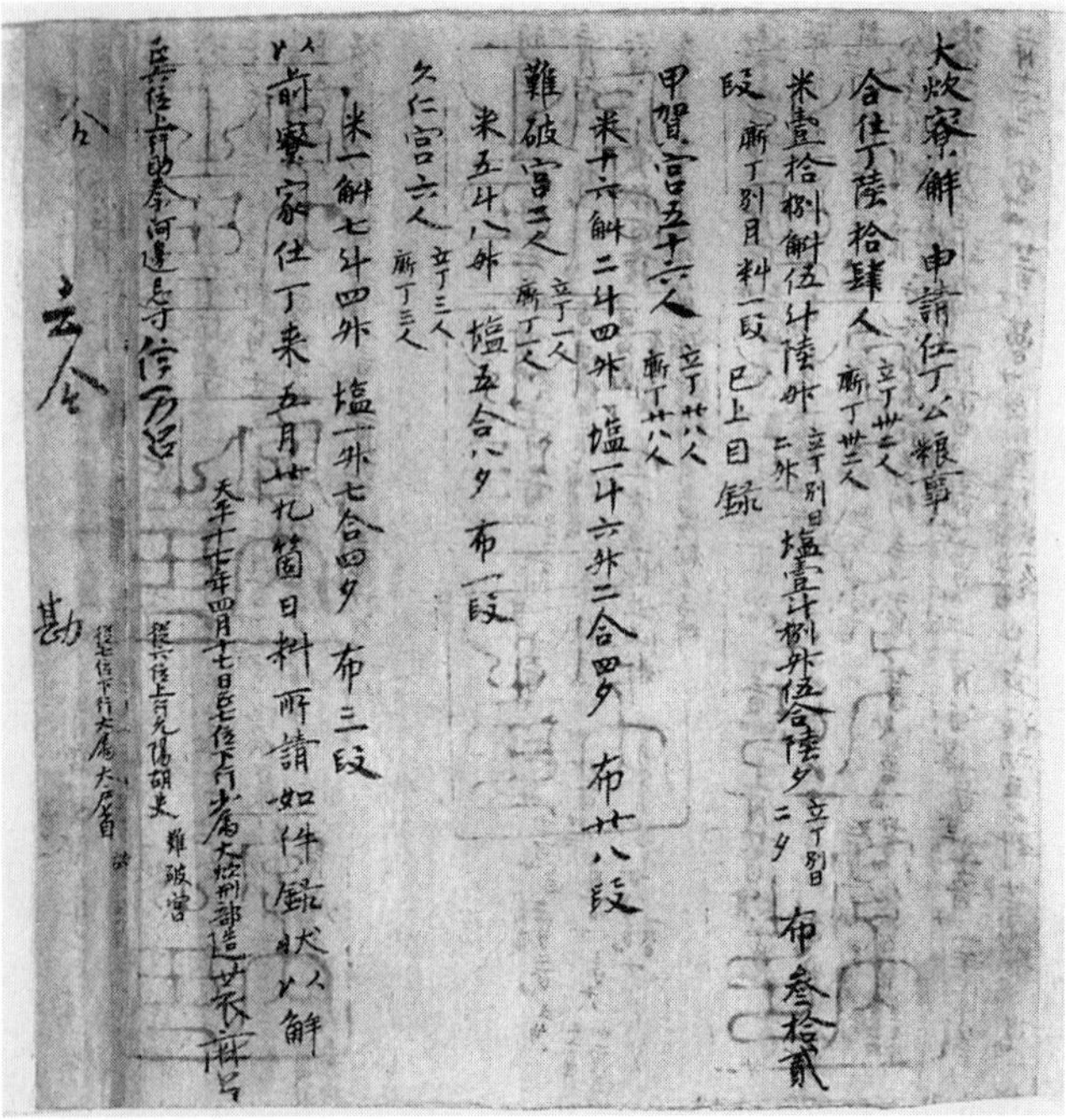
大炊寮解　申請仕丁公粮事
合仕丁陸拾肆人　立丁卅二人　廝丁卅二人
米壹拾捌斛伍斗陸升　立丁別日二升　塩壹斗捌升伍合陸夕　立丁別日二夕　布参拾貳
段　廝丁別月料一段　已上日録
甲賀宮五十六人　立丁廿八人　廝丁廿八人
米十六斛二斗四升　塩一斗六升二合四夕　布廿八段
難破宮二人　立丁一人　廝丁一人
米五斗八升　塩五合八夕　布一段
久仁宮六人　立丁三人　廝丁三人
米一斛七斗四升　塩一升七合四夕　布三段
以前寮家仕丁来五月卅九箇日料所請如件録状以解
天平十七年四月十七日

大炊寮解（正倉院宝物）

所在地ごとの人数を記したものがある。翌月分の予算であるから、必ずしも実態ではない場合もあり、また全官司のものが残存するわけではないので、官司の全容が分かるわけではないが、およその傾向は知ることができる。

たとえば四月一七日の大《おお》炊《い》寮《りよう》解《のげ》では、五月分として六四人の仕丁のうち、甲賀宮に五六人、難波宮に二人、久爾宮に六人としている。大炊寮は諸官司の官人らの食料のことを掌る官司であり、その仕丁の数は、それぞれの宮にいる官人らの数におおむね対応するはずである。天皇がいた紫香楽宮だけに官人が集中していたのではなかった。

四月の時点では恭仁宮にも仕丁がいる官司が多く、特に蔵を管理する大蔵省《おおくらしょう》、内蔵寮《くらりょう》では、紫香楽宮と恭仁宮とでほぼ半々である。また刑部省《ぎょうぶしょう》ではすべて恭仁宮であった。紫香楽宮が手狭であったから、官司は恭仁宮にも必要であったのだろう。紫香楽宮と恭仁宮とがセットとなっていたのである。なお、四月の文書は四月二〇日前後のもので、その時点では五月にも紫香楽宮が存続する予定で立てた予算だが、五月には聖武天皇が紫香楽宮を離れて、恭仁宮を経由して平城宮に移っているので、五月の諸官司の仕丁配置は予定通りとはならなかったはずである。

また一〇月付けの諸官司の請求文書のうち、一〇月一八日の皇后宮職《こうごうぐうしき》では甲賀宮に一六人、奈良宮に二六人とあり、皇后宮職の機能がかなり紫香楽宮に残されていたことが知られる。また一〇月二一日の造甲賀寺所では一六七人という多数の仕丁があり、甲賀寺の造営は活発に続けられていた。造甲賀寺所の文書に署名しているのは舎人正《とねりのかみ》（春宮坊舎人監の長官）内蔵黒人《くらのくろひと》で、甲賀寺造営が春宮坊によって行われていて、平城還都後にも続けられていたことを示している。皇后や皇太子はまだ紫香楽宮に執着していたようである。紫香楽宮を望んだのが聖武天皇だけでなく、皇后・皇太子でもあったことをうかがわせている。

また一〇月二一日の造宮省で甲賀宮に五八六人、奈良宮に七八七人と、甲賀宮に多いのは、そのうち大半の五六三人は衛士であるので、造営を続けていたのではなく、『続日本紀』に紫香楽宮では盗賊が多かったと記されているように警備のためである。式部省で八人中二人、民部省で八五人中一三人の仕丁が甲賀宮に残っているのは、それら残る官司の機能を維持するためであった。このように天皇が紫香楽宮を離れて五ヶ月たっても紫香楽宮は一部分が残されていたのであり、遷都による官司の移動は短時日では完全には行えなかったのである。

東大寺大仏の造営開始

『扶桑略記《ふそうりゃっき》』『東大寺要録』によれば、天平一七年八月に東大寺で大仏を造りはじめ、天皇は袖に土を入れて運び、氏々の人々もそれぞれ土を運んで土台の土を固めたという。紫香楽から平城京に移ってすぐに大和金光明寺で大仏造営が再開されたようである。紫香楽宮での大仏造営を断念すると、戻ったのは平城宮であって、恭仁宮は紫香楽宮とともに放棄されたのである。ここで、足かけ五年にわたる恭仁宮・難波宮・紫香楽宮の遷

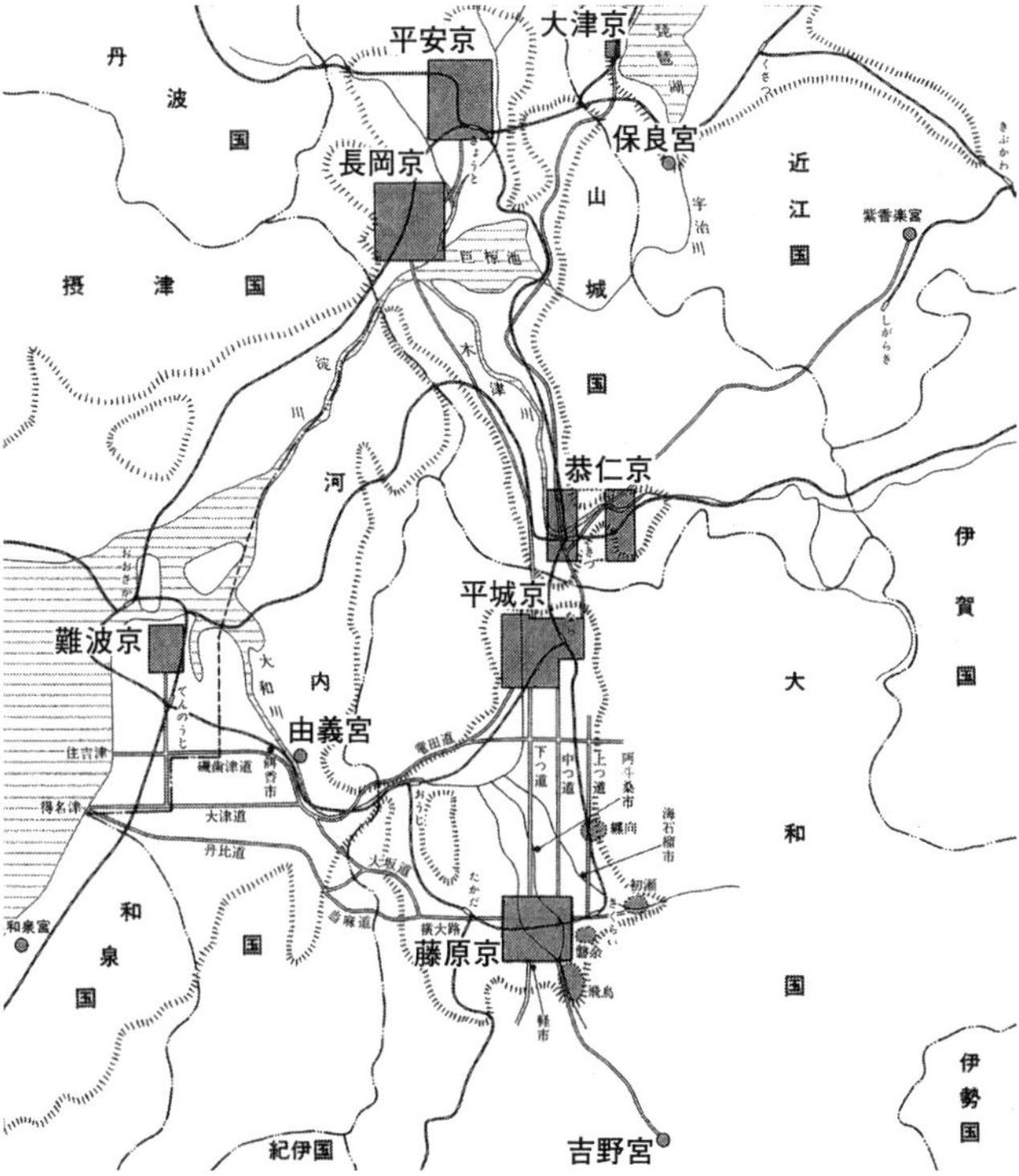

古代宮都の位置関係（『日本史必携』吉川弘文館より）

都について、推測を交えて振り返っておきたい。

恭仁宮は平城宮に代わる政治・経済の中心地として河川交通の便のよい場所が選ばれた。平城京からの距離も近く、これまでも物資運送に用いられていた地であるから、貴族・官人らの大きな反対はなかったと思われる。そして恭仁宮を起点にして、道を開いて紫香楽宮が造られた。紫香楽宮は大仏造営のために、恭仁宮から適度の距離を持った地として選ばれたらしい。当初は、恭仁宮を主として、それに附属する仏都としての紫香楽という位置づけであった。

いっぽうで、難波宮は以前から宅地が班給されて、副都として用意されていた。海運を利用する物資集積の便宜の地である。恭仁を中心に、物流の難波、仏教の紫香楽の三つの宮が鼎立《ていりつ》する状態が構想されていたのであろう。

三つの宮の関係性

大仏造営が本格化すると天皇は大仏への傾倒を深め、行幸の滞在期間も長くなっていった。ついには難波宮は元正太上天皇に委ねるような形で、聖武天皇は紫香楽宮に遷って滞在し続けるようになった。しかも紫香楽宮に官司の建物も造り、政治の拠点とするようになった。恭仁宮も官衙に利用されたが、紫香楽が主、恭仁が従となって、両者の関係が逆転することになった。

大仏造営に対する人々の不満

そもそも大仏造営は、聖武天皇の個人的な発願による事業であって、橘諸兄ら貴族・官人の多くから賛同を得たものではなかった。元正太上天皇も難波宮に長くとどまったことからみて大仏造営に協力的ではなかった。大仏造営は唐の洛陽《らくよう》郊外の龍門奉先寺《りゅうもんほうせんじ》を模範としたとも推測されており、玄昉や唐僧道璿《どうせん》などの影響が考えられる。また大仏造営に協力した行基は大抜擢された。平城京に残された諸寺院の僧尼たちには、それに対する反発もあったと推測される。

大仏造営を推進したのは、聖武天皇・光明皇后・皇太子阿倍内親王であり、元正太上天皇はこの三者と隙間が生じてきた。紫香楽宮での負担に対する官人や民衆の不満も高まってきた。このような状況に対処することが、橘諸兄をはじめとする公卿らの役割となった。紫香楽周辺の山火事は、民衆や官人らの反発の表れであり、さらに地震による不安は覆いがたく、橘諸兄らが紫香楽宮の放棄を天皇に勧めたのだろう。恭仁宮は紫香楽宮とセットの関係にあり、恭仁に戻るだけでは官人らの不満を解消できない。難波宮に戻る選択肢もあり得たが、仏教に傾倒する聖武天皇は僧尼らの意向を取り入れて、平城京への還都を選択した。皇后・皇太子は紫香楽宮の維持を望み、諸兄との間に食い違いが出てきた。これまで連携してきた光明皇后と橘諸兄との間に距離がでてきたのである。

八　彷徨五年期の政策

天平一二年から一七年にかけて都を転々と遷した時期にもさまざまな政策が出されている。国分寺造営や大仏造営はその代表例であるが、そのような大事業が可能になる程度に疫病による疲弊から回復していたのである。

疫病からの回復

天平一三年五月、諸国から貢進する衛士の数を、定数のほかに左右衛士府《さうえじふ》各四〇〇人、衛門府衛士を二〇〇人、合計一〇〇〇人増加させた。衛士の定員は律令に規定がなく不明だが、天平一七年四月の右衛士府では八〇〇人の衛士があり（『大日本古文書』二巻四二六頁）、これが増加後の数とすれば、左右衛士府衛士はもと四〇〇人で八〇〇人に倍増したことになる。恭仁京を新都とした直後であり、平城京・難波京も含めて複数の都を警備するために増員したものと考えられる。天平一一年以来諸国兵士は停止されているから、この衛士の増員による徴発は軍団兵士とは別枠で行われたのである。民衆の負担増加であり、疫病による打撃から回復しつつあるという認識によるものであろう。

大宰府の廃止と復活

天平一四年正月、大宰府を廃止して、その保管していた官物は筑前《ちくぜん》国司に管理させることにした。藤原広嗣の乱で大宰少弐の広嗣が西海道諸国の国司・郡司や多数の兵士を動員することができたことに対する反省であろう。乱ののち大宰府の上級官人の任命は行われていなかったようで、実質的に大宰府の機能は低下していたが、その官物を筑前国司に委ねることにしたのである。筑前国司はほかの西海道諸国の国司と上下関係はないが、財政面では優越するようになった。同年八月には、大隅・薩摩《さつま》・壱岐・対馬・多褹《たね》の官人の禄を筑前国司が管理する官物から支給することが命じられている。

ただし、大宰府が持っていた外交の権限までは筑前国司に移行したわけではなかった。天平一五年三月に新羅使が来朝したときには、筑前国司からの報告に対して検校新羅客使《きゃくし》が派遣され、太政官の判断を仰いだうえで、新羅使が礼を失しているとして帰国させている。新羅に対する高圧的な対応が復活していて、そのためには筑前国司を窓口とするのでは不十分であるから、同年一二月に鎮西府《ちんぜいふ》が設置され、将軍・副将軍以下からなる体制がとられた。翌一六年正月には鎮西府官人の官位相当や給与などが定められたが、鎮西府は長くは続かず、一七年六月に大宰府が復置された。

諸国の統廃合

国司に関しては、天平一三年一二月に安房《あわ》国と能登《のと》国が廃止されて、それぞれ上総《かずさ》国、越中国に併合された。この前後には、天平一二年に和泉監、天平一五年に佐渡《さど》国も廃され、国の統合・整理が行われた。安房国・能登国は養老二年に建てられた国であり、和泉監は国ではないが国に準じるものとして霊亀二年に置かれた行政単位である。和銅～養老年間の七一〇年代には郡の分割も行われ、郷里制《ごうりせい》の施行など地方行政単位の細分化が行われたが、天平年間の七四〇年代には国の統廃合による国レベルの行政単位の再編成が行われたのである。それ以前からの国司の行政権限拡大と同じ流れの政策である。たとえば安房国は海産物を貢納することが多い国であるが、農耕に適した土地は少ない。それを隣国などと調整する必要があるが、安房国を上総国に併合することで、その調整を上総国司の裁量に委ねたのである。

国府の整備

天平一五年五月には、国司に対して旧館に住まずに新舎を建てることを禁じ、また養郡という郡を置いて各国司が特定の郡と結びつくことを禁じる法令が出された。国司の権限拡大によって、正規の国司のほかに現地の人々からなる国書生《くにしょせい》などの雑任《ぞうにん》が多数編成されるようになり、行政の場としての国府が整備されていった。国司制度の初期には、国司(特に長官)の滞在地が国庁・国府であったが、国司の官舎が整備されて国府が固定するようになっていたのである。国府の固定を前提とした命令であり、国府から適度の距離の場所に国分寺を造営させたこととも対応する政策である。

論定稲と公廨稲

平城京への還都後の天平一七年一〇月には、諸国の正税《しょうぜい》出挙の額が定められた。これは論定稲《ろんていとう》と呼ばれ、この時点での額は不詳だが、のちの『弘仁式《こうにんしき》』や『延喜式《えんぎしき》』には、国ごとに正税出挙の額が規定されており、その式制のもとになるものが定められたのである。正税は国司らのもとで公出挙により運営され、その利息が地方行政の財源になる。疫病や飢饉などの状況によって出挙の額は年度ごとに変動したのであるが、それを国ごとに一定の基準を設けて変動させないようにしたのが、この論定稲である。地方財政の安定策として大きな意味を持つが、飢饉など状況に応じた対応は国司に委ねられることになり、国司の裁量権の拡大にもなった。

この論定稲の決定と関連して、一一月には諸国の公廨稲《くがいとう》が定められた。公廨の廨という文字は官庁・役所の意味で、国府の諸経費として公出挙のうち論定稲と別枠に設定されたもので、論定稲の出挙に不足があった場合や、調庸などの官物に未納があった場合などには公廨稲から補塡することとされた。論定稲の設定とあわせて中央・地方の財政安定策でもある。ただし、補塡に充てた残りは国司の取り分とされ、のちに天平宝字元年には、国司たちが公廨稲を奪い合うことを戒めて、国司の長官以下、史生・国博士《くにはかせ》・

表　墾田永年私財法による墾田の面積制限

1品・1位	500町
2品・2位	400町
3品・4品・3位	300町
4位	200町
5位	100町
6～8位	50町
初位・庶人	10町
大領・少領	30町
主政・主帳	10町

医師までの配分比率を定め、実質的に国司の給与となった。そして国司の収入としては、本来の給与である職分田《しきぶんでん》よりも大きなものとなった。

墾田永年私財法の発布

彷徨五年の時期の政策として、もう一つ重要なものが天平一五年五月の墾田永年私財法《こんでんえいねんしざいのほう》の発令である。開墾奨励策として、この二〇年前の養老七年に三世一身法《さんぜいっしんほう》が出され、用水も開発して開いた田は三世、既存の用水を利用した墾田は一身の用益を認めたが、収公が近づくと開墾した田が荒廃してしまうとして、すべて私財として収公しないことを定めたものである。

古くは、この法令により土地の私有が認められて荘園増加の契機となり、律令制崩壊の出発点になったと考えられていた。いっぽうで、この墾田永年私財法では、一位・一品の五〇〇町から庶人の一〇町まで位階に応じて私財とできる面積が制限されていて、唐の均田制《きんでんせい》に近づけたとする解釈や、墾田という形で国家による土地支配を強化したという説も行われている。また、墾田に対する規制は大宝令からあり、私財法は私的土地所有を認めた画期として再評価する説もあって評価が分れている（坂上康俊「律令国家の法と社会」）。

人民支配の強化策としての私財法

これまでは、班田収授制《はんでんしゅうじゅせい》を核として既墾田をすべて国家の管理下におくことにしていたが、国家の掌握できていない田地も存在した。私財法で、位階による面積制限と別に郡司の大領《だいりょう》・少領《しょうりょう》に三〇町、主政《しゅせい》・主帳《しゅちょう》に一〇町の面積が認められているのは、開墾の主体が多くは郡司などの地方豪族であったからであろう。墾田永年私財法は新たに開墾することを奨励する法令であるが、そこに定められた規定は、それ以前に開墾された田地にも適用されたはずである。郡司ら地方豪族が持っている開発地を、墾田として登録させることも、この法令の重要な一面である。地方豪族が密かに持っている私有地にまで国家の掌握を広げたのであり、国司を中心とする国府の行政権限が強まったことがその背景にあった。

従来からの班田収授制による口分田《くぶんでん》とは別枠で私財となる墾田という田地を設定して、墾田からも田租を徴収して税収の増加をはかったのである。それは浮浪人対策で、浮浪人帳をつくって、戸籍による公民支配だけでなく浮浪人を公民とは別枠の浮浪人として掌握する方向をとったのと同じく、現状を前提として人民支配を強化したのと同様な政策である。いわゆる公地公民制《こうちこうみんせい》の外に墾田・浮浪人という枠を設けた、現実対応的な新しい支配方式である。国司制度の整備が、このような新しい方式の採用と深く関わっていたと考えられる。

墾田が結ぶ地方と中央

ところで、実際に土地を開墾した郡司など地方豪族は、制限を超える墾田の保有は認められないので、制限面積以上の墾田を中央の有力寺院や貴族・王族に寄進して経営を維持する例もあった。越前《えちぜん》国足羽《あすわ》郡大領生江東人《いくえのあずまひと》や坂井《さかい》郡大領品遅部広耳《ほんちべのひろみみ》が開いた墾田を、東大寺に寄進して形成された道守庄《ちもりのしょう》、鯖田国富庄《さばたくにとみのしょう》が知られている。墾田を通じて、地方有力者が中央の諸勢力と結びつくことが多くなっていったのである。その点では、墾田永年私財法が荘園拡大の契機となったという従来からの評価も誤りではない。

第五　左大臣橘諸兄の政権

一　橘奈良麻呂のクーデター計画

奈良麻呂の摂津大夫就任

天平《てんぴょう》一七年（七四五）五月に聖武《しょうむ》天皇は平城宮に戻ったが、その三ヶ月後の八月には、中納言《ちゅうなごん》の巨勢奈弖麻呂《こせのなでまろ》と藤原豊成《ふじわらのとよなり》を留守官に任じて、再び難波宮《なにわのみや》に行幸に出かけた。副都《ふくと》としての難波京は存続していたのである。難波滞在中の九月四日に橘奈良麻呂《ならまろ》が摂《せっ》津大夫《つだいぶ》に任じられた。摂津職《せっつしき》は難波宮を管轄するのであるから、副都としての難波宮を維持することは橘諸兄の意向があったのかもしれない。

知太政官事の終焉

同じ九月四日に知太政官事《ちだじょうかんじ》鈴鹿《すずか》王が亡くなった。鈴鹿王は、ここまで橘諸兄と並んで政権を構成してきた有力皇親であった。大宝《たいほう》三年（七〇三）に刑部《おさかべ》親王が任じられてから、穂積《ほづみ》親王、舎人《とねり》親王、鈴鹿王と断続的に続いてきた知太政官事は、鈴鹿王の死によって姿を消すことになった。

知太政官事については、どのような職掌があったか、大臣とどのように差があったのかなどについて、さまざまな見解があるが、皇親を代表する立場で、天皇と太政官の間を仲介し、天皇の補佐にあたるものであったとするのが最大公約数的な理解である。この天平一七年の時点では、皇親のなかに天皇の補佐にあたるような有力な王がいなかったことと、皇親出身で太政官首班《しゅはん》である橘諸兄が天皇と密接な関係を保っていたことから、新たに知太政官事を任命する必要がなかったのだろう。それに加えて、聖武天皇のまわりには、天皇を支える存在として光明《こうみよう》皇后が強い影響力を持っていたし、元正《げんしょう》太上《じょう》天皇も存在し、皇太子阿倍《あべ》内親王も地位を固めつつあった。国家の頂点に立つのが天皇・太上天皇と皇后・皇太子であるという律令が想定した状況が実現したともいえる。

依存しあう天皇と貴族

そのいっぽうで、太政官は左大臣《さだいじん》橘諸兄が統率して天皇らを支えていた。橘諸兄の地位は聖武天皇・光明皇后との関係で支えられていて、その諸兄に聖武天皇が支えられるという相互関係のなかで天皇の独裁的な力は強まっていた。また、光明皇后も天皇と諸兄の相互依存的な関係のなかで強い権力を握ることになった。このような天皇と有力貴族とが相互依存的に権力を強めることは、橘諸兄ののちにも藤原仲麻呂《なかまろ》、道鏡《どうきょう》の場合も続くことになる。

聖武の罹病

鈴鹿王の死の直後の九月一七日には難波宮滞在中の聖武天皇が病気となり、みずから勅《ちょく》を発して大赦《たいしゃ》を命じた。病気は重かったようで、一九日には平城・恭仁《くに》の留守官に宮中の警護を命じ、また孫王らを難波に召し集めるとともに、平城宮の鈴《すず》と印を難波に送らせている。孫王とは天智《てんじ》・天武《てんむ》の孫の世代の王で、天武皇孫では新田部《にいたべ》親王の子の道祖《ふなど》王や舎人親王の子の池田《いけだ》王、大炊《おおい》王、天智皇孫では施基《しき》親王の子の白壁《しらかべ》王などがある。後に皇位継承をめぐって候補者にあげられる王たちであり、この天平一七年の段階でも皇太子阿倍内親王の立場を脅かしかねない人々でもある。それら諸王を難波に集めて、王族の結集をはかったのは、それだけ不安も高かったことを示している。

奈良麻呂のクーデター未遂

実際に、このときに橘奈良麻呂によって黄文《きぶみ》王（長屋《ながや》王の子。天武の曾孫）を擁立しようとするクーデターが企てられている。このクーデター計画については、のち天平宝字《ほうじ》元年（七五七）七月の橘奈良麻呂の変に際して佐伯全成《さえきのまたなり》が供述したことによって知られるところであるが、その供述は以下のような内容であった。

去る天平一七年に聖武天皇が難波行幸で病気となったときに、奈良麻呂が全成に次のように言った。「天皇の病気が重いが、皇嗣を立てていないので政変がおきるかもしれない。多治比国人《たじひのくにひと》・多治比犢養《こうしかい》・小野東人《おののあずまひと》を率いて黄文王を立てて天皇とし、百姓《ひやくせい》の望みにこたえよう。大伴《おおとも》氏・佐伯氏の人々がこの挙に加われば、向かうところ敵なしだろう。昨今、居宅が定まらず、天下に憂《うれ》い嘆《なげ》きが多い。この機に行えば、ことは成就するだろう。従わないか」と。これに対して全成は、「全成の先祖は清く明らかに天皇に仕えてきた。全成は愚かであるが、先祖の功績を失いたくない。計画が成就するとしても、従おうとは思わない」と答えて拒絶した。そこで奈良麻呂は、「天下の憂いを見て、思うところを述べただけだ。他言しないように」と言って話は終わった。

この供述によれば、橘奈良麻呂の計画は佐伯全成に拒絶されて立ち消えとなったようで、まだ十分に賛同者を集めたものではなかった。それでも、遷都や行幸を繰り返して官人《かんじん》らの居宅が定まらないことへの不満が大きいという状況は、確かであろう。

また、奈良麻呂は「皇嗣を立てていない」としているが、阿倍内親王が皇太子となってすでに七年たっており、二年前の天平一五年五月に皇太子が五節舞《ごせちのまい》を舞った際には奈良麻呂も叙位に預かっているので、皇太子の存在を知らないわけはない。それにもかかわらず、「皇嗣を立てていない」とするのは、阿倍内親王を天皇としては不適当であるとする考えが強かったのであろう。

このクーデター計画は、阿倍内親王に代わる皇嗣を擁立することを狙ったものであるから、皇太子の背後にいる光明皇后も当然に標的となったであろう。ただし、計画の中心になったのが橘奈良麻呂であるので、諸兄までは打倒の対象にはなっていなかったと考えられる。

黄文王

奈良麻呂らによって擁立が企てられた黄文王は、長屋王の子、母は藤原不比等《ふひと》の娘で、同母兄弟に安宿王《あすかべ》、山背王《やましろ》がいる。天平一二年に従四位上、一三年に散位頭《さんいのかみ》に任じられたことが知られるが、官位の面では取り立てて有力な王とは見られない。阿倍内親王に対する不満は多くても、それに代わるべき有力な候補者を一人にまとめるほどは、反対勢力が結集できていなかったのであろう。

彷徨の終了

聖武天皇の病状はまもなく回復したようで、九月二六日に平城宮に戻った。その後は都を遷すことはなく、一二月には恭仁宮《くにのみや》から兵器を平城宮に運び、度重なる遷都はようやく平城宮に落ち着くようになった。彷徨《ほうこう》五年の終了である。

玄昉の死

天皇が難波宮から平城宮に戻って間もない一一月に玄昉《げんぼう》が筑紫観世音寺《つくしかんぜおんじ》に左遷され、封戸《ふこ》が没収された。玄昉は翌天平一八年六月に筑紫で死去し、『続日本紀《しょくにほんぎ》』に載せる没伝には、玄昉は僧正《そうじょう》となって後、「内道場《ないどうじょう》に安置したまふ。是《これ》より後、栄耀日《えいようひび》に盛《さかり》にして、稍《やや》く沙門《しやもん》の行ひに乖《そむ》けり。ときの人これを悪《にく》めり。是に至りて、徙所《ししよ》にして死す」とある。「沙門の行ひに乖けり」とする内容は不明であるが、玄昉が失脚したのと聖武天皇の彷徨が止まった時期が重なることから推測すれば、聖武天皇による相次ぐ遷都にも玄昉が与えた影響が大きく、官人や僧侶たちの玄昉に対する反感も大きかったと思われる。いっぽうで、天平一九年一一月に「大唐弟子僧」の善意《ぜんい》が玄昉の冥福を祈るために、私財によって大般若経《だいはんにやきよう》六〇〇巻を書写している（『大日本古文書《だいにほんこもんじよ》』二巻七一三頁）。玄昉を慕う僧侶もいたのである。

甥、永手と真楯

天平一八年正月、橘諸兄の妹、牟漏《むろ》女王が没した。牟漏女王は、藤原房前《ふささき》の室となり、永手《ながて》、真楯《またて》（もと八束《やつか》）を生んでいる。諸兄と藤原氏を結びつけるような存在であったが、橘宿禰《すくね》姓を名のらず、皇親としての立場を維持した。二人の子のうち、永手は天平九年に従五位下になってから一〇年以上昇進せず、藤原仲麻呂が台頭した天平勝宝《しようほう》元年（七四九）四月に一挙に従四位下となって以降は昇進を早め、特に仲麻呂の乱の後重祚《ちようそ》した称徳《しようとく》天皇のもとで、右大臣《うだいじん》さらに左大臣となった。その昇進経歴からみると、聖武天皇からは遠ざけられたが、孝謙《こうけん》（称徳）天皇の信任は厚かったものと思われる。

真楯（八束）は、天平一二年に従五位下となると、その年のうちに兄永手を超えて従五位上になり、その後も順調に昇進した。天平神護《じんご》二年（七六六）に大納言《だいなごん》で薨《こう》じたが、その薨伝に「度量弘深」と讃えられ、また聖武天皇が特に寵遇《ちょうぐう》したと記されている。天平一五年に安積《あさか》親王が藤原八束の家で宴を催していて（『万葉集《まんようしゅう》』巻六、一〇四〇番）、安積親王とも関係が深く、大伴家持《やかもち》とも交流があった。また天平勝宝四年には橘諸兄の宅での宴にも参加していて（『万葉集』巻一九、四二七一番）、諸兄との関係も良好であった。なお、のちに栄華を極める藤原摂関家《せっかんけ》はこの真楯の子孫である。

元正太上天皇の華麗なる宴

天平一八年正月、雪が降って数寸積もったことがあった。この日に橘諸兄は藤原豊成ら諸王・諸臣とともに、元正太上天皇の御在所（中宮《ちゅうぐう》の西院《さいいん》）に参入して雪かきに奉仕した。そこで宴会が開かれ、席上太上天皇から雪を詠んだ歌を奏上せよと命令があった。

このときに橘諸兄が詠んだ歌は、

降る雪の白髪《しろかみ》までに大君《おおきみ》に仕《つか》へ奉《まつ》れば貴《とうと》くもあるか

（降る白雪のような白髪になるまで、大君にお仕え申すことは、何と尊くありがたいことか）

である（『万葉集』巻一七、三九二二番）。『万葉集』には次いで紀清人《きのきよひと》、紀男梶《おかじ》、葛井諸会《ふじいのもろえ》、大伴家持の歌を載せ、さらに、歌を詠んだが記録しなかった人々として、藤原豊成、巨勢奈弖麻呂、大伴牛養《うしかい》、藤原仲麻呂、三原《みはら》王、智努《ちぬ》王、船《ふね》王、邑知《おおち》王、小田《おだ》王、林《はやし》王、穂積老《おゆ》、小治田諸人《おはりだのもろひと》、小野綱手《おののつなで》、高橋国足《たかはしのくにたり》、太徳太理《おおのとこたり》、高丘河内《たかおかのかわち》、秦朝元《はたのちょうげん》、楢原《ならはらの》東人《あずまひと》の名が挙げられている。

そのなかで、秦朝元については、諸兄が戯れて、「もし歌を詠めなければ、そのかわりに麝香《じゃこう》を出しなさい」と言ったので、黙ってしまったという。秦朝元は唐《とう》に留学して客死《かくし》した僧弁正《べんしょう》の子で、父の死後に日本に帰国した（『懐風藻《かいふうそう》』）。医術にすぐれ、養老《ようろう》五年（七二一）には医術で褒賞され、天平二年には弟子を取って漢語を教授することを認められていて、天平五年には遣唐使の判官《じょう》にもなっている。学業には秀でたが和歌は不得手であったのだろう。麝香は高級な香料・薬品で、朝元が麝香を所持していることが宴席で話題となっていたのかもしれない。諸兄がユーモアを好む性格であったことを伝えるエピソードの一つである。

元正太上天皇の御在所に参入した顔ぶれは、左大臣橘諸兄を筆頭に、中納言藤原豊成、中納言巨勢奈弖麻呂、参議《さんぎ》大伴牛養、参議藤原仲麻呂と太政官の有力メンバーが並んでいて、参議以上でこれに加わっていないのは参議紀麻路《まろ》一人である。政府内で元正太上天皇の存在が重みを持っていたことを示している。

二　皇太子阿倍内親王

皇太子を守る授刀舎人

天平一八年二月、騎《うま》舎人を改めて授刀《たちはき》舎人とするという記事が『続日本紀』にある。この記事は簡略で、舎人の名称を変更したことしか記していないが、単なる名称変更ではなかった。のちに神護景雲《じんごけいうん》三年（七六九）一〇月一日の称徳天皇の宣命《せんみょう》のなかで、過去の聖武天皇の勅を引用して「朕（聖武）が東人《あずまびと》に刀を授けて侍《はべ》らせるのは、汝（阿倍内親王＝称徳）の近き護《まも》りと思ってのことである。この東人は常に『額《ひたい》に箭《や》は立つとも背には箭は立たじ』と云って君を一つ心で護るものである。この心を知って汝は使え」と命じたとしている。この東人が授刀舎人のことに対応し、皇太子の護衛の舎人としたものであることが分かる（笹山晴生「授刀舎人補考」）。騎舎人は、その名称からみて騎馬の舎人であり、相次ぐ行幸・遷都に従駕《じゅうが》した天皇護衛の舎人で、武芸に秀でた人を集めたと考えられる。彼らを皇太子の護衛の授刀舎人としたのである。

皇太子にはもともと東宮《とうぐう》舎人が所属するが、それに帯剣させるのでなく、天皇の護衛にあたっていた舎人を皇太子のもとに配して、官人たちの目に見える形で皇太子の警備を固めたのである。これによって、皇太子を天皇と並ぶような立場につけたことを意味する。皇太子を共同統治者として、円滑な皇位継承の準備を進めたのだろう。この権力移譲は、前年九月に難波宮で聖武天皇が病気となり、孫王たちを集めた段階から始まっていたのかもしれない。聖武天皇は、紫香楽宮《しがらきのみや》で頓挫した大仏造営を平城京の東の大和《やまと》国金光明寺《こんこうみょうじ》で再開していて、仏教への傾倒をいっそう強めていた。大仏造営に専心し、政治的なことは皇太子に委ねようとしたのだろう。元正太上天皇が健在であり、太上天皇が二人並び立つ例はないので、正式な譲位ではないが、実質的には譲位に近いものであったと考えられる。

祥瑞の出現と一斉の叙位

この一ヶ月後の三月七日に河内国から祥瑞《しょうずい》の白亀が出現したとして、天下の六位以下の官人に位階一階を与えた。祥瑞出現は、しばしば政治的演出に用いられるので、このときも権力移譲を演出するためのものであった可能性が高い。そして、一斉の叙位は遷都や行幸で不満が多かったであろう下級官人たちに対する懐柔《かいじゅう》策でもあった。このような一斉叙位は、この時期以後に多くなる。一時的に官人らの不満をやわらげる効果はあったのだろうが、位階の持つ価値を低下させることにもなった。

大宰帥就任と鎮撫使設置

四月には橘諸兄が左大臣のまま大宰帥《だざいのそち》に任じられた。前年六月に大宰府が復活してから空席であった帥への任命である。同日に諸道鎮撫使《ちんぶし》が任じられていて、大宰帥は西《さい》海道《かいどう》の鎮撫使の任務も兼ねたとみられる。このときの鎮撫使は、中納言藤原豊成（東海《とうかい》道《どう》）、参議藤原仲麻呂（東山道《とうさんどう》）、中納言巨勢奈弖麻呂（北陸《ほくりく》・山陰道《さんいんどう》）、参議大伴牛養（山陽道《さんようどう》）、参議紀麻路（南海道《なんかいどう》）で、太政官の参議以上の公卿《くぎょう》がすべて名を連ねている。鎮撫使は天平三年に例があり、政治批判者や盗賊などの取り締まりなど治安維持を目的とするものであった。天平三年の鎮撫使は新羅《しらぎ》との緊張関係が背景にあったので、この天平一八年の鎮撫使設置の背景にも対新羅関係があったかもしれないが、第一義的には平城還都後の体制立て直しを全国に示す目的があったのだろう。この鎮撫使は、同年一二月に廃されていて、そのときに諸国の兵士が復活している。

遣唐使の任命

また、この天平一八年頃には遣唐使の任命が行われた。この遣唐使については『続日本紀』に記載がないが、『正倉院文書《しょうそういんもんじょ》』の帳簿のなかに「天平十八年正月七日召大唐使已訖也」という書き入れがあり（『大日本古文書』八巻五八一頁）、『懐風藻』の石上乙麻呂《いそのかみのおとまろ》伝に乙麻呂が天平年中に遣唐大使に任じられたが渡航しなかったとあることから、任命が行われたことが推定される（東野治之「天平十八年の遣唐使派遣計画」）。同年一〇月に安芸《あき》国に舶二艘を造らせていて、計画が進められたが、結局渡航に至らなかった。

遣唐使は、四年後の天平勝宝二年九月に改めて大使以下が任命されて、天平勝宝四年に進発した。天平勝宝二年九月の遣唐使任命は、同月の石上乙麻呂死去の直後のことであった。そのことからすると、この天平一八年任命の遣唐使は準備が大幅に遅延して、孝謙天皇の正式な即位を経て、大使の死去によるメンバーの再編成が行われたと見ることができる。前回の天平四年の遣唐使任命も鎮撫使設置の翌年であった。対新羅関係の悪化、鎮撫使設置、遣唐使任命はセットであって、積極的な外交姿勢をとることで、国内の治安強化、中央政府の権力集中をねらったのであろう。

国家事業である国分寺と大仏造営

天平一八年一〇月、聖武天皇・元正太上天皇・光明皇后が金鍾寺《こんしゅじ》に行幸して盧舎那仏《るしゃなぶつ》を燃灯供養《ねんとうくよう》した。金鍾寺の創建は不詳だが、全国での国分寺《こくぶんじ》造営の命令により大和国金光明寺（国分寺）となっていて、その後に東大寺《とうだいじ》となっていく。この盧舎那仏は、紫香楽宮で中断した大仏造営を平城京東郊の金鍾寺で再開していたもので、その鋳型のもととなる粘土像であったと考えられている。天皇の大仏造営の意欲は失われず、むしろ強まっていたといえる。数千の僧が参列しているので、橘諸兄も参列したであろう。ここに明記されてはいないが、皇太子も参列したと考えられ、天皇・太上天皇・皇后・皇太子の四者が結集する場として、大仏造営であったのだろう。

紫香楽での大仏造営は、聖武天皇個人の発願《ほつがん》による知識を募っての事業であったが、大和国分寺である金鍾寺で再開されたことで、国家的事業である国分寺と大仏造営とが結びつくことになった。東大寺という名称は天平一九年一二月頃から現れるが（『大日本古文書』九巻六三二頁）、天平二〇年七月には造東大寺次官《すけ》・判官《じょう》が見え（同一〇巻三一七頁）、造東大寺司《ぞうとうだいじし》という官司が四等官《しとうかん》構成をもって成立していたことが知られる。造東大寺司は、最盛期には長官《かみ》一人、次官一人、判官四人、主典《さかん》四人で構成され、八省《はっしょう》に匹敵する官司となった。大仏造営と東大寺の管理は国家の事業となっていったのである。

端午の節会

翌天平一九年五月五日、天皇が南苑《なんえん》に出御して節会《せちえ》が行われた。この日、元正太上天皇が詔《みことのり》を発して、昔は五月五日の節会には菖蒲《しょうぶ》の縵《かずら》を用いたが、近年はそれが行われなくなっているとして、今後は菖蒲の縵を着用しない者は宮中に入れないと命じた。近年に途絶えたのがいつからかは明らかでないが、疫病の流行やその後の遷都続きのなかで、節会も簡略化されていたのだろう。それを旧来の形に戻したのであるが、『続日本紀』には、この詔が太上天皇の詔としてあり、元正太上天皇がまだ発言力を維持していたことを示している。また、聖武天皇・光明皇后による簡素化に元正太上天皇が不満を示したことをうかがわせている。

停滞する国分寺造営

一一月、聖武天皇は詔を発して、国司《こくし》らが国分寺の造営を怠っていることを責め、これにより天地の災異が起きているとして、造営を督促した。督促のために石川年足《いしかわのとしたり》らを派遣して検察させ、国司は適地を選び、郡司《ぐんじ》のなかで造営する力のある者を選んで担当させて、三年以内に完成させることができれば、その子孫を代々郡領《ぐんりょう》に任ずるとした。そして僧寺・尼寺には従来からの各一〇町の田のほかに、僧寺に九〇町、尼寺に四〇町の田地を加え、開墾して施入《せにゅう》すべきことを命じた。

国分寺の造営が命じられたのは天平一三年二月だったが、それから六年あまり経過しても造営は遅々として進まず、寺地の占定《せんてい》も行われていない国が多かった。国司の主導による造営を目指したが、国司の力だけでは造営は十分にできなかったのである。そこで郡司の協力を求める方向に転換し、子孫を郡司に任用するという見返りを示して協力を募ったのである。また寺田《じでん》を大幅に増やして、造営の財源を拡大したが、その開墾にも郡司ら在地の有力者の協力が不可欠である。

国分寺の造営は、聖武天皇や光明皇后の熱意によるものだったが、天皇の命令というだけでは進捗せず、ここで郡司らの協力を求め、そのためには見返りが必要だという判断は、太政官あるいはその下で地方の状況を知る実務官人らの考えによるものであろう。

現実的な対応をするという点では、橘諸兄政権の政策基調と合致している。これ以後しだいに各国で国分寺の造営は進展したようである。

元正の死と諸兄政権の衰退

天平一九年一二月、元正太上天皇が病気となり、医薬の効果がないとして大赦が命じられた。翌天平二〇年三月にも大赦が発令されたが、病状は回復せず、四月に亡くなった。六九歳であった。元正は、天皇在位が八年半、譲位後に太上天皇として二四年であった。聖武天皇と元正太上天皇とが紫香楽と難波とに分かれたときに、その調整を担ったのが橘諸兄であったと思われるが、聖武天皇を牽制《けんせい》できる存在が欠けたことにより、その調整役としての諸兄の役割も弱まることになった。

天皇・皇后・皇太子の三者に対する重しとなるべきは橘諸兄となったが、この三者がまとまっている限りにおいては諸兄が調整役を果たす必要はない。この三者のなかで光明皇后の発言力が強まっていくが、皇后と諸兄との間には距離が生じはじめていた。また、諸兄は皇太子を支えてきたが、皇太子の側では諸兄に対して必ずしも好意的ではなかったようである。諸兄の権力は、しだいに衰退していくことになる。

仲麻呂に移行する権力

この少し前の天平一九年一一月に、春宮大夫《とうぐうのだいぶ》兼学士《がくし》であった吉備真備《きびのまきび》（下道《しもつみち》真備は天平一八年一〇月に吉備の姓を与えられていた）が右京《うきよう》大夫に転じた。官位相当では、春宮大夫は従四位下、右京大夫は正五位上であるから、格下げであった。しかも同年三月に春宮大夫には石川年足が任じられているので、真備は三月以前には春宮大夫を離れていたらしい。真備はもともと光明皇后の篤い信任を得ていたとみられ、また阿倍内親王が二度目に即位して称徳天皇となった時期には右大臣にまで大抜擢されるのだが、この時期には阿倍からも少し遠ざけられたことになる。光明皇后の信任が低下したのだろう。

真備に代わって皇后・皇太子の信任を得たのは、形式的には春宮大夫となった石川年足であるが、実質的には高齢の石川年足よりも、その後の展開からみて藤原仲麻呂である。官職・位階からみれば、従一位左大臣の橘諸兄は従三位参議式部卿《しきぶきょう》の藤原仲麻呂よりもはるかに上位にあったが、光明皇后の信任は諸兄から仲麻呂に移りつつあった。それとともに、政治的な権力も諸兄から仲麻呂への移行が始まってきたのである。

新たな太政官の顔ぶれ

天平二〇年三月、新たに参議として石上乙麻呂、多治比広足《ひろたり》、石川年足、藤原八束が任じられ、中納言藤原豊成が大納言になった。これらの任官は『続日本紀』には記事が欠けていて、『公卿補任《くぎょうぶにん》』によって知られるところである。藤原八束は北家房前《ほつけ》の子であるが、ほかの三名は有力豪族からの参議就任であった。特に石上（もと物部《もののべ》氏）、石川（もと蘇我《そが》氏）といった伝統的豪族からは、久しぶりの議政官《ぎせいかん》であった。石川氏では天平元年に没した参議石川名足以来二〇年ぶり、石上氏では養老元年に左大臣で没した石上麻呂以来約三〇年ぶりである。また、多治比氏からも天平一一年没の中納言多治比広成《ひろなり》以来の約一〇年の間隔がある。

左大臣橘諸兄を筆頭に、大納言藤原豊成、参議藤原仲麻呂、大伴牛養、紀麻路に、この四名が加わったことで、有力貴族の代表者で太政官の議政官を構成するという形がある程度復活したのである。元正太上天皇没後の新たな体制であり、これら貴族勢力のバランスを保ち、また天皇・皇后・皇太子の王権中枢と貴族勢力との調整にあたるのが橘諸兄の課題となった。

強まる光明の影響力

天平二〇年八月二一日、聖武天皇は散位従五位上の葛井広成の宅に行幸し、群臣らと宴を開いて、その宅に宿泊した。翌日、広成とその室従五位下県犬養《あがたのいぬかいの》八重《やえ》とに正五位上を授けた。葛井広成は文雅の人として知られ（『家伝《かでん》下（藤原武智麻呂《むちまろ》伝）』）、『懐風藻』『経国集《けいこくしゅう》』に詩文が残されているが、とりたてて聖武天皇に寵遇された形跡は見られない。いっぽう、県犬養八重は光明皇后の側近として活躍した人物である。天平一四年二月に天皇が皇后宮に行幸した際に正八位上から外従五位下に昇叙され、正倉院文書には犬甘《いぬかい》八重と見えて、皇后宮職《こうぐうぐうしき》や造東大寺司に所属する写経所での写経に関して種々の命令を伝えている。そのことからすると、この行幸と宴は光明皇后が側近の宅に赴き、それに天皇が同行したものであったと考えられる。元正太上天皇没後、聖武天皇に対する皇后の影響力はいっそう強まっていたことを示している。

三　陸奥の産金

行基の死

天平二一年二月、行基《ぎょうき》が八〇歳で没した。よく知られているように、行基は民間布教に努め、多くの信者を集めた。政府は、当初はその動きを警戒して、養老元年四月の元正天皇の詔では「小僧行基」と名指しして弟子とともに百姓を惑わすとして禁圧の対象とされた。しかし、その後も行基とその集団の活動は活発で、畿内周辺の各地で寺や池、橋などを造営した。政府もしだいにこれを容認する方向に転じ、天平三年八月には、行基に従う優婆塞《うばそく》・優婆夷《うばい》の一部の出家を認めた。天平一五年一〇月に聖武天皇が紫香楽で大仏造営を開始すると、行基は衆庶《しゅうしょ》を率いて協力し、天平一七年正月には大僧正に任じられて、聖武天皇の深い帰依を受けた。

行基と橘諸兄との関係は詳らかでないが、恭仁京の地域には行基の築いた施設などもあり、接点は少なくない。行基の活動が容認されるようになった天平三年は、諸兄が参議に昇進した時期と重なるので、良好な関係であったと推測される。

名無しの批判

同じく天平二一年二月、朝廷の路のほとりにしばしば匿名の書を投じることがあるので、百官と大学生徒を教誡《きょうかい》した。官人らの間で、政治に対する不満や批判が多かったことがうかがえる。

産金は大仏のおかげ

二月二二日、陸奥《むつ》国で黄金が産出したことが報告された。それをうけて四月一日に天皇は皇后、皇太子と百官を率いて東大寺に行幸し、造営中の盧舎那仏に向かって橘諸兄が天皇の奏状を読み上げた。この奏状では天皇がみずからを「三宝《さんぼう》の奴《やっこ》」と称して仏に臣従する立場を表明し、日本国内で初めて黄金が出たのは盧舎那仏の慈しみによるものであるとしている。

官人の叙位

さらに中務卿《なかつかさきょう》石上乙麻呂が百官人らに対する勅を宣した。この勅は長文の宣命で、黄金の出現は仏神の加護によるものであるとして、寺社と僧尼・神官への恩典を与えること、天皇の仕事は臣下らの奉仕によって支えられているとして、官人らへの叙位、仕《し》丁《ちょう》らへの賜物《たまいもの》など、さまざまなことを命じた。そのなかにはいくつか特徴的なことがある。

一つは、三国真人《みくにのまひと》、石川朝臣《あそん》、鴨《かも》朝臣、伊勢大鹿首《いせのおおかのおびと》の四氏をあげて、それらの人々に対する叙位を述べていることである。この四氏が特にあげられている理由は述べられていないが、聖武天皇および過去の天皇の外戚氏族であると考えられている（吉川敏子「天平二一年四月甲午宣命に見る聖武天皇の皇統意識」）。鴨（賀茂）朝臣は、藤原宮子《みやこ》の母が賀茂朝臣比売《ひめ》で（『続日本紀』天平七年一一月己未《きび》〈八日〉条）聖武天皇の外祖母である。伊勢大鹿首は舒明《じょめい》天皇の母糠手姫《ぬかでひめ》皇女の母が敏達《びだつ》天皇の采女《うねめ》伊勢大鹿首菟名子《うなこ》である（『日本書紀《にほんしょき》』敏達天皇四年〈五七五〉正月条）。石川朝臣は蘇我氏であるから、持統《じとう》天皇の母蘇我遠智娘《おちのいらつめ》、元明《げんめい》天皇の母蘇我姪娘《めいのいらつめ》などがある。三国真人については確認できないが、皇極《こうぎょく》天皇などの外戚であったと推測される。

三千代の孫

二つには、県犬養橘三千代《みちよ》について、歴代の天皇に忠誠を尽くし、藤原不比等の家門を守ったことを讃えて、その孫たちに叙位することを述べていることである。そして橘奈良麻呂に従四位下から従四位上、聖武夫人の橘古那可智《こなかち》（橘佐為《さい》の娘）に正三位から従二位の位が与えられた。また藤原房前と牟漏女王の子である藤原永手が従五位下から従四位下、千尋《ちひろ》（御楯《みたて》）が正六位上から従五位下が与えられたのも、三千代の孫としてあったのだろう。三千代の功績を特筆したのは、光明皇后の母、皇太子阿倍内親王の外祖母だからであり、一つ目と同様に外戚の尊重である。

女官

三つには、女官《にょかん》たちに対する叙位を命じたことである。詔のなかで、「男のみ父の名負ひて女はいはれぬ物にあれや、立ち双《なら》び仕《つか》へ奉《まつ》るし理《ことわり》に在りとなも念《おもお》す。父がかくしまに在れと念《おも》ひておもぶけ教《おし》へけむ事過《あやま》たず失はず、家門《いえかど》荒さずして天皇が朝《みかど》に仕へ奉れとしてなも汝たちを治め賜ふ（男のみが父の名を負って、女は関わりないものだろうか。並んで仕えるのが道理であると思う。父がこのようにあれと思って教え導くことを誤らずに、家門を荒らさずに天皇の朝廷に仕えるようにとして汝たちに位階を与える）」として、女性が父の家門を守ることを強調している。ここでも、藤原不比等の家門を守っている光明皇后が想起される。皇后であるから叙位の対象にはならないが、光明皇后を讃えることが含意されている。それに加えて、父の教えを守る皇太子阿倍内親王の存在を強調することでもあり、皇后や皇太子に対する奉仕を求めたものである。

大伴氏と佐伯氏

四つには、大伴・佐伯の両氏が代々の天皇を護衛してきたことをあげて褒賞していることも注目される。大伴・佐伯氏は、のちに橘奈良麻呂のクーデター計画に参画した者が多く、藤原仲麻呂や光明皇后に敵対したと考えられがちであるが、この段階では聖武天皇を守る武門の氏として重視されていた。越中守《えっちゅうのかみ》として赴任していた大伴家持は

「陸奥国に金を出しし詔書を賀《よろこ》びし歌」として、長歌を五月一二日に詠んで天皇への忠誠を述べている（『万葉集』巻一八、四〇九四番）。

なお、この勅のなかで大伴・佐伯氏の人々が「海行かばみずく屍《かばね》、山行かば草むす屍、王のへにこそ死なめ、のどには死なじ」と言い伝えていることをあげている。この「海行かば」の歌は、大伴家持の長歌でも引用され、家持の歌では末尾の句「のどには死なじ」（平穏には死なない）が「顧みはせじ」（顧みることはしない）と違いがあるが、ほぼ同様である。この大伴家持の引く歌詞は、近代に軍歌としても利用された。

大伴・佐伯氏に対する褒賞は、大仏造営に関するものではなく、天皇への忠誠によるものである。女官や県犬養橘三千代の子孫への叙位も大仏造営には直結しない。黄金産出という慶事を機に、皇太子への実質的な譲位を官人らに示すことに主眼があったと考えられる。また、この日には、多くの叙位とあわせて、中納言の巨勢奈弖麻呂が大納言、参議の大伴牛養が中納言に任じられた（ただし牛養は二ヶ月後の閏五月に没）。

正一位に叙される

四月一四日、天皇はふたたび百官を率いて東大寺に行幸して大仏を拝し、橘諸兄に正一位を叙位し、大納言藤原豊成を右大臣に任じた。諸兄は律令で規定する最高位に達した。生存中に正一位となったのは大宝令施行後で諸兄が最初である。また、この日に橘宿禰通可能《つかの》という人物に無位から正四位上の位が与えられた。この叙位記事が見えるだけで、系譜は不明だが、諸兄か佐為の娘で後宮《こうきゅう》に仕えていたのであろう。

四文字の年号

　また、この一四日には、年号が天平感宝《かんぽう》と改元された。四月一日の勅で年号に文字を加えることが命じられていて、天平感宝という年号を定めたのが一四日だったのである。大宝以来、改元は祥瑞出現を理由に行われることが多く、和銅《わどう》の年号も厳密には祥瑞とはいえないが、和銅出現という祥瑞以上にめでたい事象によるものだった。今回の陸奥での黄金出現が改元の理由となることは、前例を踏襲したものだが、この改元は天平を感宝に改めるのでなく、天平に感宝の二文字を加えて、従来にない四文字の年号としたことに特色がある。

　こののち天平勝宝、天平宝字、天平神護、神護景雲と四文字の年号が続くことになる。四文字年号は中国で則天武后《そくてんぶこう》のときに証聖《しょうせい》元年（六九五）を天冊万歳《てんさくばんざい》と改元し、万歳登封《とうふう》、万歳通天《つうてん》と続いたのに倣ったものと考えられている。光明皇后が則天武后を模範としたことは、よく知られるところで、この改元も光明皇后の意向によるものであったのだろう。天平の年号は光明立后の直前に採用され、立后を演出する一つであった。まったく新たな四文字とするのでなく、天平の文字を残したところにも光明皇后のこだわりが感じられる。

めでたき産金

五月二七日、黄金産出により陸奥国に三年間の調庸《ちょうよう》を免除し、その他の諸国には国ごとに二郡ずつの調庸を免除し、毎年その免除する郡を換えて広く産金の祝いを知らしめるとした。一国二郡ずつの調庸免除という方式は、これまで例がなく、各国で二郡ずつをどのように選んだか、いつまで続いたかも不明だが、全国一斉に調庸免除とするのは財政収入の面で不可能だったのだろう。ある程度の財政収入を確保しつつ、全国の郡司ら地方官人らに対して、大仏造営が黄金産出という慶事をもたらしたことを周知させる巧妙な方法であった。

天皇の仏教傾倒

閏五月一〇日、大赦が発せられた。この大赦では、父母を殺した者と仏像を破壊した者は適用外とされた。仏像破壊者を赦から除外するのは、これ以前に例がなく、天皇の仏教への強い傾倒を示している。

詔に記された聖武の法号

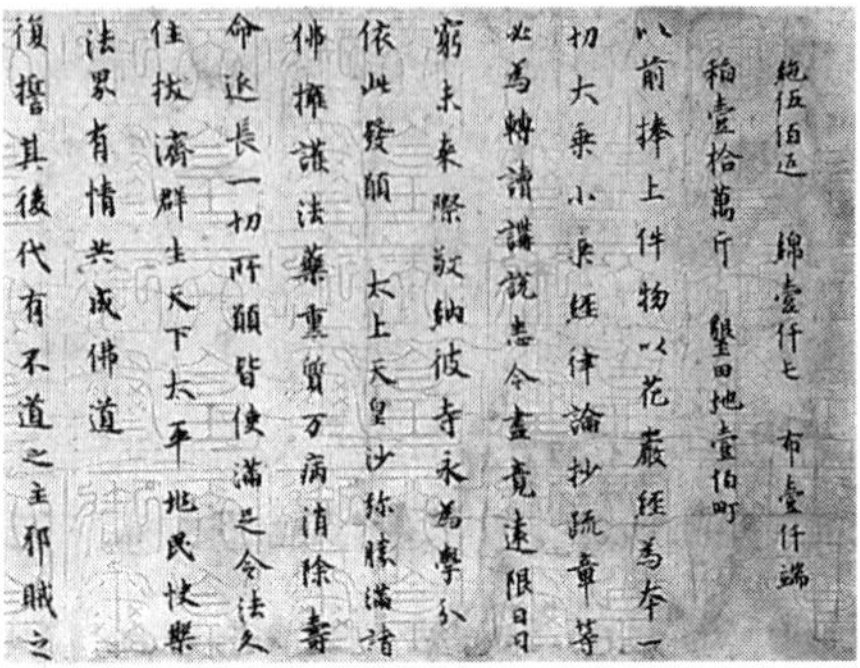

閏五月二〇日、大安寺《だいあんじ》以下の一二ヶ寺に絁《あしぎぬ》や

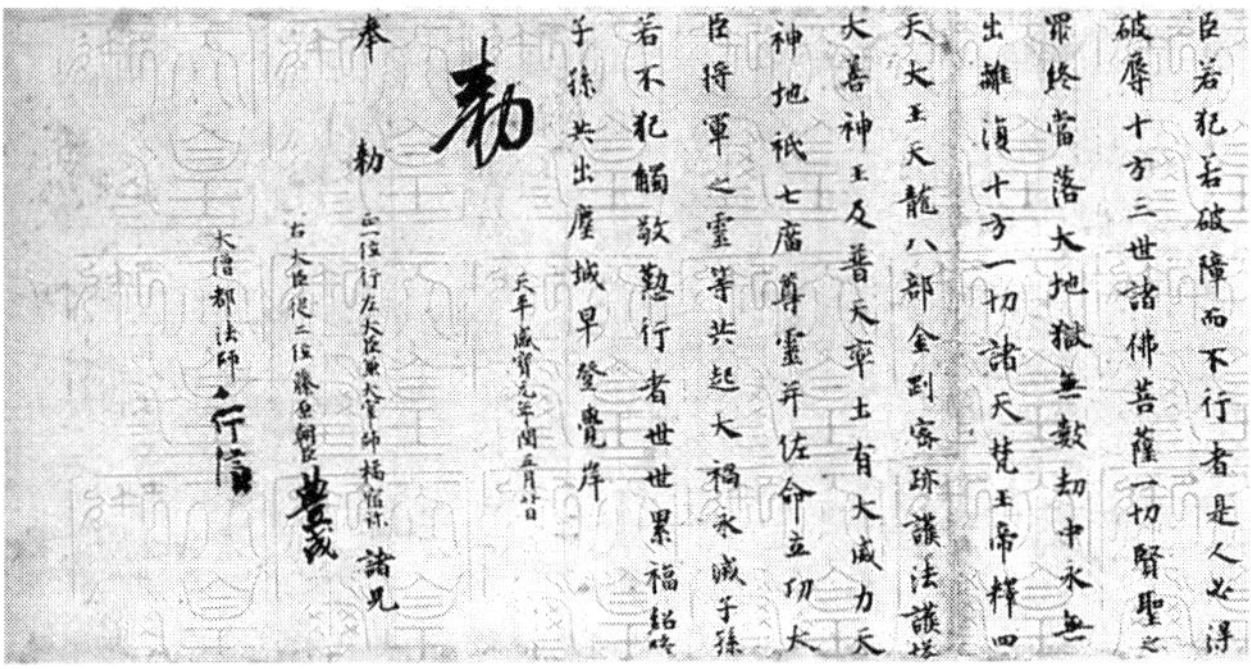
臣若犯若破障而下行者是人必得
破辱十方三世諸佛菩薩一切賢聖之
罪終當落大地獄無数劫中永無
出離復十方一切諸天梵王帝釈四
天大王天龍八部金剛密跡護法護塔
大善神王及普天率土有大威力天
神地祇七廟尊霊并佐命立功大
臣将軍之霊等共起大禍永滅子孫
若不犯觸敬懃行者世世累福終
子孫共出塵城早登覚岸
天平感宝元年閏五月廿日
勅
奉勅
正一位行左大臣兼大宰帥橘宿祢諸兄
右大臣従二位藤原朝臣豊成
大僧都法師行信

聖武天皇勅書（平田寺所蔵．口絵面に掲げた文書の全体図）

布・綿・稲と墾田地を施入する詔が出された。詔では、施入物を財源に華厳経《けごんきょう》を根本として一切経《いっさいきょう》を転読・講説することを命じ、そのことによって「太上天皇沙弥《しゃみ》勝満《しょうまん》」を諸仏が擁護して、天下太平となることを願うという趣旨が述べられている。勝満は聖武天皇の法号だが、聖武天皇が孝謙天皇に譲位したのは七月二日のことで、それ以前に「太上天皇沙弥勝満」と自称しているのは少し奇異である。

このときの勅書の文書が現在、静岡県の平田寺《へいでんじ》に残されている（『大日本古文書』三巻二四〇頁）。冒頭部分が欠けているため、どの寺に宛てたものか不詳だが、施入物が絁五〇〇匹、綿一〇〇〇屯、布一〇〇〇端、稲一〇万斤、墾田地一〇〇町とあり、大安寺・薬師寺《やくしじ》・元興寺《がんごうじ》・興福寺《こうふくじ》・東大寺のものに一致するので、この五寺のいずれかに宛てたものである。文面には全体にわたって「天皇御璽《ぎょじ》」が捺されていて、その印影や本文の書風からみて、勅書の原本と判断される（角田文衛「天平感宝元年の勅書」）。

この勅書では、日付の上には文と別筆で「勅」の一文字が大きな字で書かれていて、この「勅」の字は聖武天皇の自筆と考えられている。次いで、

「奉勅」正一位行左大臣兼大宰帥橘宿禰「諸兄」

右大臣従二位藤原朝臣「豊成」

大僧都《そうず》法師「行信《ぎょうしん》」

と署名があり、諸兄、豊成、行信の名の部分は、それぞれ自署である。橘諸兄の筆跡が残る唯一の文書である。その上の「奉勅」の二文字も書風は諸兄の自署に通じ、諸兄の筆跡かもしれない。そして、この勅書の文中でも「太上天皇沙弥勝満」と記しているのである。

この勅書は書式も公式令《くしきりょう》に定めるものと異なっている。公式令の詔書式《しょうしょしき》や勅旨式《ちょくしき》の書式では、中務省《なかつかさしょう》や太政官の官人が署名を加えることになっているが、この勅書で署名するのは、太政官では左右大臣のみで、しかも大僧都が署名に加わっている。これは、勅書の内容が行政の命令というよりも、寺院に施入する趣旨を記した願文であったから

天皇と出家者は両立するか

だろう。大僧都行信が署名を加えているのは、寺院（仏）への願文《がんもん》だったからで、仏に対する誓願であるから、自らを「朕」とするのではなく、勝満という法号を記したのだろう。

『東大寺要録《とうだいじようろく》』では「或日記云」として、天平二〇年正月八日に天皇は出家し、四月八日に菩薩戒《ぼさつかい》を受けて勝満と名のったとする。また『元亨釈書《げんこうしゃくしょ》』には天平二一年（天平勝宝元年）正月一四日に平城中嶋院において、大僧正行基を戒師として菩薩戒を受けて勝満を名としたとある。年月日については異なるが、天皇在位中に受戒したことは共通している。出家した身であることと天皇として政治を行うことを両立するのが困難であったことから、譲位の決意を固めたのだろうと説明されることが多い。

しかし、この年四月に東大寺大仏の前で「三宝の奴《やつこ》と仕へ奉る天皇」と称して、天皇として仏への臣従を示しているが、天皇と三宝の奴は両立するものであって、仏に臣従することが譲位すべき直接の理由とはならない。のちに称徳（孝謙）天皇は重祚するにあたって、「出家しても政《まつりごと》を行ふに、豈《あ》に障《さわ》るべき物にはあらず」とし（『続日本紀』天平宝字八年九月甲寅《こういん》〈二〇日〉条）、出家の身で再度天皇となることを宣言している。この時期には、天皇であることと出家していることは必ずしも矛盾していないのである。

譲位前に太上天皇と称す

空位なき太上天皇

それにしても、譲位以前に太上天皇と称していることは不自然であり、その背景を考える必要がある。『続日本紀』によれば、聖武天皇が皇太子阿倍内親王（孝謙天皇）に譲位したのは、七月二日のことである。その日に天平感宝元年（七四九）から天平勝宝元年に改元されているので、七月二日が正式な譲位の日付であることは間違いない。

いっぽう、これまでたびたび述べてきたように、聖武天皇は平城京に戻ったのち、天平一八年頃から着々と皇太子を王権中枢に参画させて、実質的な権力移譲を行ってきた。

聖武天皇が即位した神亀《じんき》元年（七二四）以来、天平二〇年まで約二五年間、元正太上天皇が存在していた。元正天皇の在位中（七一五〜七二四）八年半のうち、六年余りは元明太上天皇が存在し、元明の没後二年余りで元正は聖武に譲位している。さかのぼって文武《もんむ》天皇のときも持統太上天皇があり、持統没後は母の阿閇《あへ》内親王（のちの元明天皇）がそれに代わる立場であったのだろう。元明天皇の一代は太上天皇がいなかったが、それ以外は太上天皇が存在するのが、ほぼ常態化していた。

そのような前例をうけて、天平二〇年三月の元正太上天皇没後に、一周忌が過ぎた段階で、聖武天皇はみずから太上天皇となって元正の地位を継承しようとしたと考えられる。ちょうど黄金産出が重なり、四月一日の東大寺でのセレモニーが聖武天皇にとっては譲位を表明するものであった。しかし、その日に新天皇が群臣たちに即位を宣言する儀式は行われず、七月二日に大極殿《だいごくでん》で正規に即位の儀式が行われた。聖武の意思と周囲の人々の認識との間に差があって、四月から六月までは、聖武は天皇と太上天皇との曖昧な状態であったのだろう。閏五月二三日には、聖武天皇は薬師寺宮に遷御して、居所でも太上天皇となったことを示そうとしている。

諸兄の聖武に対する忠誠

閏五月二〇日の勅書に左右大臣の橘諸兄と藤原豊成が自署を加えているのは、太政官トップの両名が聖武を太上天皇として認めていたことの表れである。この両名は、聖武の意向に従う行動をとっていたのである。勅書で、太政官の大納言・中納言や中務省官人が署名していないで、諸兄と豊成の二名のみが署名しているのは、この二人が聖武天皇の側近的な立場にあったことを示している。諸兄は光明皇后との間に距離が生じていて、聖武との繋がりを維持しようとしていたのだろう。

奈良麻呂を侍従に任命

また、この勅書の発布の直前の閏五月一日に、橘奈良麻呂と阿倍嶋麻呂《しままろ》が侍従《じじゅう》に任じられた。これは、その時期からみて正式な即位以前の孝謙天皇（皇太子阿倍内親王）の侍従としての任命であろう。奈良麻呂は、天平一七年の段階から皇太子の存在を無視するような動きを密かに行っていて、皇太子には敵対的であった。そのことを、聖武天皇や光明皇后は知らなかっただろうから、橘諸兄との互いに支え合う関係を子の世代にも受け継がせようとしたと思われる。いっぽう、父の橘諸兄は奈良麻呂の動きを多少は知っていたかもしれない。それにもかかわらず、奈良麻呂を侍従とすることを受け入れたのは、奈良麻呂を孝謙天皇に融和させようとする意図があったのではないだろうか。

四　平城還都後の政策

諸政策の実施

天平一七年五月に平城京に戻ってから、天平二一年（天平勝宝元年）までの間、聖武天皇は大仏造営に傾倒していたが、政府としてはさまざまな政策が行われた。前にもふれた天平一八年四月の橘諸兄の大宰帥任命と諸道鎮撫使の設置はその一例である。

馬従の制限

天平一八年四月にはまた、官人らの馬従《ばじゅう》の人数を制限して、一位に一二人、二位に一〇人、三位に八人、四位に六人、五位に四人、六位以下には二人とする勅が出された。馬従は官人らが乗馬して移動する際の馬子《まご》などの従者で、多数を引き連れて力を誇示することがあったことに対する引き締めである。ほかの待遇と比べて、五位以上と六位以下との間の差が小さい。六位以下の官人が多い京内で馬従が必要だったのだろう。平城京の秩序を再構築しようとする政策と考えられる。ただし、職事《しきじ》の一位・二位は制限の対象外とされた。職事とは現に職掌のある官職のことで、この時点で該当するのは左大臣の橘諸兄だけである。諸兄がほかの公卿とは別格の待遇をうけていたことを示している。

寺院の墾田保有を制限

一八年五月には、寺院が墾田や園地を買って寺地とすることを禁じる法令を発布した。同じような法令は三月にも京・畿内の寺院を対象に発布されていたが、五月にはそれを全国に広げたのである。墾田永年私財法《こんでんえいねんしざいのほう》の発令以来、墾田の開発や既墾地の登録が進んだ。私財法では個人の墾田保有は位階によって面積が制限されていたが、寺院の墾田保有については制限がなく、制限面積を超えた墾田を寺院に施入・売却して収公を逃れることが横行していたのであろう。聖武天皇は仏教に傾倒していたが、すべての寺院にまで墾田保有の拡大を許容するわけではなかったようである。おそらく、これは諸国の国司らの要請をうけて、橘諸兄ら太政官の公卿から発議され、天皇もそれを拒否できなかったのだろう。

鎮撫使停止と兵士復活

一二月、諸道鎮撫使が停止された。四月の任命から八ヶ月で今回の鎮撫使は役割を終えたことになる。同日には諸国の兵士の差点《さてん》が復活された。天平一一年の兵士停止は疫病流行による疲弊に対するものであったと考えられるから、その復活は疲弊から立ち直ったと政府が認識していたことを示している。

大養徳を大倭に戻す

天平一九年三月、大養徳国《やまとのくに》を改めて、もとの大倭国に戻した。大養徳国への改称は天平九年一二月のことで、疫病流行に対して、天皇の徳を養うことで災いを除こうとするものであったと考えられているので、これを元に戻したのは疫病の影響から立ち直ったことの表れである。ただし前年来の飢饉《ききん》のただなかであり、二月には官人らに布・塩の支給して天皇の徳を示す方策も採られていた。

大養徳国へ改称されたのは、玄昉が藤原宮子の病気を回復させて褒賞されたのと同日であった。玄昉が左遷、死去し、吉備真備が春宮大夫を退任した時期に元に戻されていることから推測すると、大養徳への改称は玄昉や吉備真備の献策であった可能性が高い。そして大倭国の旧称に戻したことは、大養徳恭仁京と名づけた恭仁京を完全に放棄して、ふたたび平城京を中心とすることを表明したことにもなる。それは、一方では橘諸兄政権での施策の修正であり、諸兄の権力に陰りが表れはじめたともいえる。

封戸の規準を改定

天平一九年五月、封戸の人数が不均衡になっているとして、封戸に設定する戸は、正《せい》丁《てい》五〜六人、中男《ちゅうなん》一人を基準とし、一郷（五〇戸）では課口《かこう》二八〇人、中男五〇人、一戸あたりの田租《でんそ》は四〇束とすることが命じられた。封戸は上級官人に与えられる給与の一つで、この時期には、位封《いふ》は四位以上、職封《しきふ》は参議以上が支給対象であった。このほかに功績による功封《こうふ》があり、寺社に与えられる寺封《じふ》・神封《じんぶ》もあった。これらは上級官人や寺社にとっては大きな収入であった。

封戸は戸を単位として支給されるので、各戸の人数、特に課丁数の違いによって同じ戸数でも差が生じる。そこで、すでに慶雲《けいうん》二年（七〇五）一一月四日の格により正丁四人で一戸とすることになっていた（『令集解』）。それから四〇年以上経過して、戸の人数に差が大きくなっていたのだろう。一戸あたりの正丁を四人から五～六人と改めたことになるが、天平七年から九年の疫病流行で死者が多かったことを考えると、人口が増加したとは考えにくい。封戸について、人数を多く設定して、上級官人や寺社の収入を増やすことを図ったのだろう。

郷の再編成

封戸の支給は叙位や任官によって変動し、そのつどに戸や郷の編成を調整することは不可能であるから、この課丁数などの基準は、封戸以外の郷や戸の構成にも行われたはずである。この基準に合うように全国的に郷の統廃合や再編成が行われたと考えられる。平城宮木簡《もっかん》などで八世紀前半に見える郷名で、その後に見られなくなるものがあるのはこのためである。郷の編成が、村落や家族の実際のあり方を掌握することよりも、一定額の租税を出させる単位とすることを第一義としたのである。このような変化は天平一二年頃の郷里制《ごうりせい》廃止の段階から現れていたが、その方向がさらに徹底されたのである。

譜第に基づく郡司任用

天平二一年二月には、郡司の大少領《だいしょうりょう》の任用をめぐる争いが多くなっていることから、任用には譜第《ふだい》重大《じゅうだい》の家を定めて嫡系に継承させることを命じている。家柄によって決定することで、郡司任用をめぐる煩雑さを省こうとしたのである。郡司に対して行政能力の優劣をあまり問題としないことにしたのであり、地方行政において国司の裁量権を拡大してきた政策基調の一端ともいえるが、天平一九年に国分寺造営を督促する際に、子孫を代々郡領に任じることを褒賞として郡司らに協力を要請したことと、ちぐはぐな感は否めない。この時期の式部卿は藤原仲麻呂で、譜第重視は仲麻呂の方針であったのかもしれない。ここに橘諸兄の統制力の衰えを垣間見ることができる。

五　橘諸兄の家産

諸兄の資産

天平二〇年前後の時期、橘諸兄は従一位、左大臣であった（天平二一年四月以後は正一位）。

莫大な封戸収入

家令職員

封戸からの収入をはじめ莫大な給与が与えられていた。この頃の諸兄の得ていた収入や家政機関について概観しておく。

封戸については、従一位の位封が五〇〇戸（正一位は六〇〇戸）、左大臣の職封が二〇〇〇戸であった。諸兄の功封は不明で、位封と職封の合計約二五〇〇戸でも、天平一九年に定められた基準では田租だけでも一〇万束となる。上田《じょうでん》一町の収穫が稲五〇束であるから、二〇〇町の収穫に相当する。調庸は、一戸で五〜六人のうち、兵士となる者を差し引いて一戸で四人程度とすれば、合計約一万人分で、布で勘定すれば一万端となる。封戸のほかに従一位の位田《いでん》が七四町（正一位は八〇町）、左大臣の職田《しきでん》が三〇町あり、合計一〇〇町余りとなる。

これらを管理する家政機関として、家令職員《かれいしきいん》があった。家令職員令による一位の家政機関の構成と相当位は、家令（従五位下）、扶《ふ》（従六位上）、大従《だいじゅう》（従七位上）、少従（従七位下）、大書吏《だいしょり》（従八位下）、少書吏（大初位上《だいそいのじょう》）それぞれ一人である。その下に、雑用にあたる資《し》人《じん》として、一位の位分《いぶん》資人一〇〇人、左大臣の職分《しきぶん》資人二〇〇人があった。

家令以下の公的家政機関は三位以上の貴族に認められる。諸兄は、従三位となった天平四年に、家令一人（従七位下相当）、書吏一人（少初位下相当）の二人からなる家政機関を設け、その後、位階が昇進するのにともなって家令職員も増加していったはずである。そのなかで、氏名が分かる一人は、家令の余義仁《よぎじん》である。

余義仁は、天平一六年一〇月に橘諸兄の家令として正六位上から外従五位下に叙された。諸兄は前年の五月に従一位に昇ったが、二位のときの家令の相当位は従六位上である。余義仁がいつから諸兄家の家令となったのかは不詳だが、諸兄が従一位となってから五位相当の家令に六位の人を採用したとは考えにくいので、少なくとも二位であった時期にはすでに家令となっていたと考えられる。

余義仁の経歴は、こののち天平勝宝三年正月に内位の従五位下となったことが知られるだけであるが、年未詳の九月二六日付け藤原豊成状（『大日本古文書』二五巻二〇六頁）では、豊成から三郎（豊成の三男乙縄《おとただ》か）に千手千眼《せんじゅせんげん》菩薩《ぼさつ》を造るために糸六〇勾《こう》を送ったことを伝え、そこに「千手千眼像　智識所造　長一丈　余義仁様」とある。この千手千眼菩薩像は刺繡像《ししゅうぞう》で、知識（結縁者の参加・協力）によって造る像で、余義仁の様（ためし。手本）によるものであった。余義仁の所持していた繡仏《しゅうぶつ》を手本としたのか、あるいは余義仁が繡仏の下絵を描いたのか明らかでないが、諸兄の家令と藤原豊成に交流があったことがうかがえる。

余という姓は、写経所の写経生のような下級官人にも見られるが、百済《くだら》王の姓でもあり、百済滅亡後に日本に来た百済の上級貴族もある。また陰陽家《おんみようか》で知られた余秦勝《しんしよう》、余真人《まひと》や、呪禁《じゆごん》の余仁軍《じんぐん》などもいた。百済系の余義仁を家政機関の筆頭である家令に据えていたことは、諸兄が中央の伝統的豪族だけでなく渡来人を配下に組み入れていたことを示している。

表　橘諸兄家の家令職員の定員と相当位

諸兄の位階	家令の定員と相当位階					
天平四～一〇（従三位）	家令1（従七位下）					書吏1（少初位下）
天平一〇～一一（正三位）	家令1（従七位上）					書吏2（少初位下）
天平一一～一五（二位）	家令1（従六位上）			従1（少八位下）	大書吏1（少初位上）	少書吏1（少初位上）
天平一五～天平勝宝八（一位）	家令1（従五位下）	扶1（従六位上）	大従1（従七位上）	少従1（従七位下）	大書吏1（従八位下）	少書吏1（大初位上）

海犬養五百依

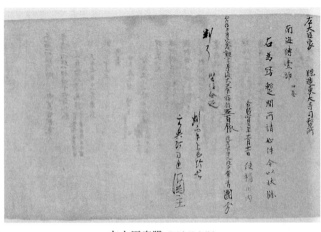

左大臣家牒（正倉院宝物）

また天平勝宝三年一〇月、一一月に左大臣（橘諸兄）家から造東大寺司に南海伝一部四巻を写すため借用を請求した文書がある（『大日本古文書』三巻五二七頁、一二巻一六四頁）。そこでは、家令として正六位上勲十二等の海犬養《あまのいぬかいの》五百依《いおえ》、大従として従七位下の平《へ》群《ぐり》国方《のくにかた》が署名している。この頃には家令が余義仁から海犬養五百依に代わっていた。

家令が余義仁から海犬養五百依に交代した時期は不詳だが、五百依は正六位上で、一位家家令の相当位従五位下より位階が低いので、五百依は新規に家令として採用されたのでなく、家扶から昇格したとみられる。五百依は藤原広嗣の乱に際して征討軍の軍曹として活動していた人物で、勲十二等はその功績で得たのだろう。天平宝字五年にも正六位上摂津職少進《しょうしん》とみえ（『大日本古文書』四巻四五二頁、『寧楽遺文《ならいぶん》』下巻六四八頁）、位階に変化がないので、橘奈良麻呂の変には関係しなかったようである。

平群国方と楢河内

大従の平群国方についてはほかに史料がなく不詳だが、この経典借用では使者として楢河内《ならのこうち》の名が見え、橘諸兄家で働いていたとみられる。楢河内は、こののち天平勝宝六年から天平宝字四年頃にかけて造東大寺司で写経生としてしばしば現れている。橘諸兄家では、ほかの多くの貴族らと同様に私家での写経が行われていて、楢河内はその写経に従事していて、その能力により造東大寺司の写経所に移ったのだろう。天平宝字二年には散位の大初位下あるいは少初位上となっていた（『大日本古文書』四巻三〇六頁、一四巻三四七頁など）。使者となったときに肩書きが付されていないので、橘諸兄家では家令職員ではなく資人であったのだろう。

このほかに、のち天平勝宝八歳に諸兄が宴席で天皇に関して無礼な言辞があったと密告した佐味宮守《さみのみやもり》は、諸兄の家令職員であったとみられるが、宮守については後述する。もう一人、諸兄家の職員として注目されるのは、万葉歌人として著名な田辺福麻呂《たなべのさきまろ》である。

田辺福麻呂

田辺福麻呂については、『万葉集』から知られるだけであるが、天平二〇年三月二三日、越中守として赴任していた大伴家持のもとに、左大臣橘家の使者として造酒司令史《ぞうしゅしれいし》田辺福麻呂が派遣されて、家持は数日間、館で饗応《きょうおう》したり、付近を周遊したりして和歌の贈答が行われた（『万葉集』巻一八、四〇三二～五五番）。それに続けて、天平一六年に元正太上天皇が難波宮にいた時期の、堀江に船を浮かべて遊宴での歌、橘諸兄の宅で宴席での歌などの計七首があり、福麻呂が伝詠したと記されている（四〇五六～六二番）。越中で福麻呂が家持に披露したものである。

これらの歌を伝えているのであるから、福麻呂は天平一六年にはすでに諸兄に近侍したことが知られ、造酒司令史のほかに諸兄家の家令職員を兼ねていたのだろう。造酒司令史の相当位は大初位上で、諸兄の一位家では少書吏が大初位上であるから、諸兄の家でも主典クラスであったのだろう。田辺福麻呂の経歴は、これ以外は不明だが、『万葉集』には、巻六の「雑歌《ぞうか》」、巻九の「相聞《そうもん》」「挽歌《ばんか》」に「田辺福麻呂歌集」の歌が収められていて、「田辺福麻呂歌集」が『万葉集』編集の資料の一つとされている。この越中訪問が、福麻呂と家持との交流の始まりであったのだろう。

越中の墾田経営

田辺福麻呂が越中国守の大伴家持のところに赴いたことを、『万葉集』の編纂に関わらせて考えたり、諸兄と藤原仲麻呂との政治的対立のなかでの情報伝達と考える説もあるが、それらは深読みしすぎで、諸兄が持っていた墾田の経営に関わってのこととするのが妥当であろう。のちに東大寺領となる越中国砺波《となみ》郡石粟《いさわ》村の田地は、もと橘奈良麻呂の地であったが、没官《もっかん》されて東大寺に施入されたものである（『大日本古文書』東大寺文書四、「越中国砺波郡石粟村官施入田地図」）。この奈良麻呂の田地は諸兄の段階から保有していたものと考えられ、そのほかにも諸兄が墾田を持っていた可能性もある。

墾田が結ぶ地方と中央

それらは、越中の在地豪族と結びついて獲得した墾田であろう。越中国では砺波郡の砺波臣志留志《しるし》が天平一九年九月に大仏知識として大量の米を献じて、外従五位下に叙されており、その後にも東大寺に墾田などを施入している。砺波郡石粟村の諸兄・奈良麻呂の墾田は、志留志と協力して獲得したと考えられる。あるいは志留志の東大寺との結びつきも橘諸兄や越中守大伴家持を通じてのものであったのかもしれない。

墾田永年私財法により地方豪族は墾田の私有を認められたが、その面積には制限があり、それを超える分は、中央貴族や有力寺院に寄進して、実際の経営を継続することが行われた。越前《えちぜん》国でも東大寺領庄園の周辺には中央貴族の所有する墾田も存在した。開墾する地方豪族と結びつきながら、中央貴族や寺社による墾田領有が進められたのである。墾田永年私財法を発令したときに政府の首班であった橘諸兄も、一位の位階によって五〇〇町の領有が可能であり、みずから多くの墾田を持ったと考えられる。墾田の獲得と経営を通じて、諸兄や中央貴族は地方の豪族との関係を強めていったのである。

第六　橘諸兄と藤原仲麻呂

一　孝謙天皇の即位

孝謙天皇の即位

天平感宝《てんぴようかんぽう》元年（七四九）七月二日、阿倍《あべ》内親王は正式に聖武《しようむ》天皇から譲位されて、即位した。孝謙《こうけん》天皇である。それにともない年号が天平勝宝《しようほう》に改元された。同じ年のうちに天平二一年から天平感宝元年、さらに天平勝宝元年へと二回の改元が行われたことになった。年号は文書作成に不可欠であり、官人《かんじん》たちには天皇の交代が強く印象づけられたであろう。

一斉の叙位・任官

即位にともなって、多くの叙位、任官が行われた。任官では、藤原仲麻呂《ふじわらのなかまろ》が参議《さんぎ》から一挙に大納言《だいなごん》に昇進し、石上乙麻呂《いそのかみのおとまろ》・紀麻路《きのまろ》・多治比広足《たじひのひろたり》が中納言《ちゆうなごん》となり、大伴兄麻呂《おおともののえまろ》・橘奈良麻呂《ならまろ》・藤原清河《きよかわ》が新たに参議となった。これにより、太政官《だじようかん》の構成は、左大臣《さだいじん》　橘諸兄

右大臣《うだいじん》　藤原豊成《とよなり》
大納言　巨勢奈弖麻呂《こせのなでまろ》、藤原仲麻呂
中納言　石上乙麻呂、紀麻路、多治比広足
参議　石川年足《いしかわのとしたり》、藤原八束《やつか》、大伴兄麻呂、橘奈良麻呂、藤原清河

となった。参議以上で一二名で、これまでに例のない多さである。藤原氏から南家《なんけ》の豊成・仲麻呂、北家《ほっけ》の八束・清河の四名、橘氏で諸兄・奈良麻呂父子が並ぶという偏りが見られるが、そのいっぽうで、巨勢・石上・紀・多治比・石川・大伴という有力豪族がそろい、氏族構成としては充実したものとなった。

奈良麻呂のスピード出世

　橘奈良麻呂は、このとき二九歳だったと推定される。若くして参議となった例としては、前年の藤原八束が三四歳、その前では藤原豊成の三四歳、藤原仲麻呂の三八歳などがあるが、それと比べて奈良麻呂は異例の若さである。奈良麻呂は天平一二年に二〇歳で無位《むい》から従五位下となったのも異例であったが、その後、大学頭《だいがくのかみ》、摂津大夫《せっつだいぶ》、民部《みんぶ》大輔《たいふ》を歴任し、この年閏五月に従四位上で侍従《じじゅう》となっている。急速な昇進は父諸兄の威光によるものだろうが、四月一日の県犬養橘三千代《あがたのいぬかいのたちばなのみちよ》の孫としての昇進にみられるように、聖武天皇・光明《こうみょう》皇后からの期待が高かったのだろう。ただし、奈良麻呂は

天平一七年頃から皇太子や皇后に反発する動きを密かにすすめていた。そして、あまりに早い参議抜擢に対しては、他の公卿《くぎょう》らの不満もあったと思われ、貴族らの間に分裂の要素が生じてくることにもなった。

仲麻呂の台頭

また、この任官では、右大臣藤原豊成の弟である仲麻呂が参議から大納言に昇進したことも注目される。これまでも太政官の議政官《ぎせいかん》に親子・兄弟が並ぶことがあったが、右大臣藤原不比等《ふひと》と参議の房前《ふささき》、右大臣藤原武智麻呂《むちまろ》と参議の房前・宇合《うまかい》・麻呂《まろ》のように、中納言以上になるのは一名でほかは参議までであった。選叙令《せんじょりょう》では、同司の主典《さかん》以上に三等以上の親族（従父兄弟より近い親族）を任じることを禁じている。太政官の四等官《しとうかん》構成は少し分かりにくいが、獄令《ごくりょう》の連坐《れんざ》規定では、左右大臣が長官《かみ》、大納言が次官《すけ》、少《しょう》納言《なごん》と弁官が判官《じょう》とされている。中納言は大納言に準じるので次官にあたるが、参議は成立当初は「朝政《ちょうせい》に参議する」という役割で、それが官職に定着していったという経緯があるので、四等官のなかでの位置づけは不明瞭であった。そのため大臣や大中納言の親族が参議となることは珍しくなかったが、ここにおいて初めて次官である中納言以上に兄弟が並ぶ例が開かれたのである。大納言・中納言は勅任官なので、律令の規定にかかわらず天皇の意思で任命することは可能なのだが、前例をこえて仲麻呂を抜擢しようという孝謙天皇の強い姿勢がうかがえる。

紫微中台の設置

八月一〇日、新たに紫微中台《しびちゅうだい》が置かれ、その官人が任命された。聖武から孝謙への譲位により、光明皇后が皇太后となったのにともなって皇后宮職《こうごうぐうしき》を拡大・再編成したのが紫微中台である。光明皇太后の崩伝にも「勝宝元年、高野《たかの》天皇（孝謙）、禅《ゆずり》を受け、皇后宮職を改めて紫微中台と曰《い》ふ。勲賢《くんけん》を妙選し、台司に並列《つら》ねたり」とあり（『続日本紀』天平宝字四年六月乙丑〈七日〉条）、その長官である紫微令《しびれい》には藤原仲麻呂、次官として大弼《だいひつ》に大伴兄麻呂と石川年足、少弼《しょうひつ》に百済王孝忠《くだらのこにきしこうちゅう》、巨勢堺麻呂《さかいまろ》、肖奈《しょうな》王福信《ふくしん》、判官では大忠《だいちゅう》に阿倍虫麻呂《むしまろ》、佐伯毛人《さえきのえみし》、鴨角足《かものつのたり》、多治比土作《はにつくり》、少忠《しょうちゅう》に出雲屋麻呂《いずものやまろ》、中臣丸《なかとみのわにの》張弓《はりゆみ》、吉田兄人《きったのえひと》、葛木戸主《かつらぎのへぬし》と、判官以上で五位以上が一四人任じられた。主典には大《だい》疏《そ》四人、少疏《しょうそ》四人があり、長官一、次官五、判官八、主典八の合計二二名の四等官からなる大規模な官司である。八省《はっしょう》では、たとえば中務省《なかつかさしょう》では長官一、次官二、判官三、主典四の一〇名であるから、八省よりはるかに大規模である。

少忠となった中臣丸張弓と吉田兄人は、それぞれもとは皇后宮職の亮《すけ》と大属《だいさかん》であり、出雲屋麻呂は天平一六年には皇后宮職少属であった（その後の官職は不詳）。紫微中台が皇后宮職を継承したものであることが明らかであるが、彼らは紫微中台では少忠（少判官）

に位置づけられ、大忠以上には有力豪族から新たに任命されて、紫微令の藤原仲麻呂は大納言、大弼の二人は参議の兼任であった。官人の官位の面でも、紫微中台は太政官に次ぐ格付けであった。

中宮の格上げ

同じ日の人事で、従三位の三原《みはら》王が中宮卿に任じられていて、従来の中宮職《ちゅうぐうしき》が中宮省に格上げされたことが知られる。聖武太上《だじょう》天皇の母藤原宮子《みやこ》や県犬養広刀自《ひろとじ》夫人《ぶにん》たちのための官司も拡大・強化されたのである。

紫微中台は誰のための組織か

ところで、譲位した聖武太上天皇には特に新たな官司が設けられていない。太上天皇は天皇と並び立つので、形式的には太政官を利用することになり、中務省が天皇だけでなく太上天皇に関する事務も行う官司となる。それに対して光明皇太后付きの官司として、中務省より巨大な官司が置かれたとするのは、いささか不自然である。紫微中台は、皇太后だけでなく、太上天皇のための官司として設置されたと考えた方がよいように思う。その方が、皇后宮職が一挙に巨大な紫微中台となったことが理解しやすい。また紫微中台という名称が、唐《とう》の玄宗《げんそう》皇帝の紫微省（中書省《ちゅうしょしょう》の改号）と則天武后《そくてんぶこう》の中台（尚書省《しょうしょしょう》の改号）に倣ったとされることにも合致する。

ただし聖武太上天皇が紫微中台を利用した形跡は見られない。この年の閏五月に太上天皇勝満《しょうまん》とした勅《ちょく》を奉じた橘諸兄と藤原豊成は左右大臣であり、紫微中台を兼ねていない。皇后宮職の官人だった人々が紫微中台の判官として実務を担っているように、紫微中台の官人は光明皇太后に近い立場の人々が選ばれた。藤原仲麻呂がその代表であり、大弼の石川年足も皇太子であった阿倍内親王の春宮大夫《とうぐうのだいぶ》であったから、光明皇太后の信任が厚かった人物である。実質的には皇太后のための官司として機能した。

また紫微中台は、聖武太上天皇の没後も存続し、名実ともに光明皇太后のための官司となり、淳仁《じゅんにん》天皇の即位後には坤宮官《こんぐうかん》と改称して、さらに強力な官司となっていくことになる。

この紫微中台設置に橘諸兄がどのように関わったかは明らかでない。おそらく諸兄や太政官が関与しないまま設置されたのであろう。そして紫微令となった藤原仲麻呂はこの紫微中台を拠点にして、光明皇太后との強い結びつきのなかで大きな権力を握っていくことになる。仲麻呂は孝謙天皇とも密接に結びつき、太政官でも大納言として有力な地位を占めていた。天平勝宝年間は、諸兄と仲麻呂の力のバランスのなかで、しだいに仲麻呂の権力が実質的に諸兄の力を上回っていく過程であった。

孝謙天皇の知識寺行幸

天平勝宝元年一〇月、孝謙天皇は河内《かわち》国の知識寺《ちしきじ》に行幸した。河内国知識寺は聖武天皇が天平一二年にそこで知識による盧舎那仏《るしゃなぶつ》を礼拝して、みずから大仏造営を発願《ほつがん》する契機となった寺である。孝謙天皇からすれば、父聖武の経験を追体験する意味があったのだろうが、同時に官人たちに対して、さしあたりの最大の事業である大仏造営を太上天皇と孝謙天皇が一体となって推進することを示す効果もあったのだろう。

八幡神と大仏

一一月、宇佐《うさ》の八幡神《はちまんじん》が豊前《ぶぜん》から京に向かうという託宣《たくせん》が伝えられた。それを迎えるために参議石川年足以下が派遣され、経路の国々の殺生禁断、道路の清浄などが命じられた。

一二月に、八幡神の禰宜《ねぎ》尼《に》大神《おおみわの》社女《もりめ》が平城京に入って東大寺を拝礼し、天皇・太上天皇・皇太后も東大寺に行幸して、僧五〇〇〇を請じて盛大な読経を行い、八幡大神に一品《いっぽん》、比咩《ひめ》神に二品の品階が与えられた。そして橘諸兄が八幡大神に対する次のような宣命《せんみょう》を読み上げた。

> 天皇は去る辰年《たつのとし》（天平一二年）に河内国大県《おおあがた》郡の知識寺にある盧舎那仏を礼拝して、みずからも造ろうと思い立ったが、それができずにいたときに、八幡大神が「神である私が天神《てんじん》地祇《ちぎ》を率いて成就させる。銅の湯を水に変え、草木や土に我が身を交えて障害をなくす」と仰せられ、そのとおりに大仏が完成に近づいたので喜ばしく

思い、八幡大神に品階を授け奉る

ここで天皇とするのは、天平一二年に河内の知識寺で大仏造営を思い立ったとあるから、聖武太上天皇である。この天皇を孝謙天皇とみる余地もあるが、大仏造営の経緯からみてそれは無理であろう。むしろ聖武が譲位後でも「天皇」と称し、前に見たように譲位以前でも「太上天皇」と称したように、天皇と太上天皇の区別が明瞭でないところが、この時期の天皇のあり方だったと見るべきである。太上天皇が左大臣以下を通じて叙位の権限を行使し、左大臣橘諸兄は太上天皇の意向に従って宣命を読む役割を行っていて、聖武太上天皇と橘諸兄とが互いに支え合う関係を保っていた。

真備の左降

天平勝宝二年正月、吉備真備《きびのまきび》が右京大夫《うきようのだいぶ》から筑前守《ちくぜんのかみ》に左遷された。真備は前年七月に従四位下から従四位上に昇進したばかりで、左遷の理由は明らかでない。大納言・紫微令として台頭した藤原仲麻呂に遠ざけられたと考えるのが一般的であるが、仲麻呂の意思によるとしても左遷を決定したのは孝謙天皇である。仲麻呂の天皇に対する影響力の強さがうかがえる。

宿禰から朝臣へ

正月一六日、多数の叙位が行われ、藤原仲麻呂は正三位から従二位に昇進した。同じ日に橘諸兄に朝臣《あそん》の姓が与えられ、橘宿禰《すくね》から橘朝臣となった。宿禰と朝臣は、天武《てんむ》天皇のときの八色《やくさ》の姓《かばね》で設けられた姓で、おおむね旧来の臣姓豪族の有力者が朝臣、連《むらじ》姓豪族の有力者が宿禰を与えられ、それぞれの氏の性格が反映されていたが、この頃には朝臣が宿禰よりも格上の姓であるという認識が生まれていたようである。

諸兄の橘宿禰の姓は、県犬養宿禰三千代が与えられた橘姓を継承したのであったから、橘宿禰から橘朝臣となることは氏姓としては格上げだが、母の三千代から一歩距離を置くことになった。同母の妹である光明皇太后や、その子の孝謙天皇からすれば諸兄を敬遠したともいえる。

遣唐使任命

九月、遣唐大使に藤原清河、副使に大伴古麻呂《こまろ》が任じられた。天平一八年から準備されていた遣唐使を任命し直して、本格的に準備を進めたもので、結果的には天皇の交代による遣唐使となった。

乙麻呂の大宰帥就任

一〇月には、宇佐八幡神の教えにより藤原乙麻呂《おとまろ》（武智麻呂の子、仲麻呂の異母弟）が正五位上から一挙に従三位が与えられ、大宰帥《だざいのそち》に任じられた。乙麻呂はこの年三月に大宰《だざいの》少弐《しょうに》に任じられたばかりで、位階でも官職でも破格の昇進であった。乙麻呂と宇佐八幡宮とどのような関係にあったのか不明だが、その昇進は前年の八幡神入京に見られた八幡神への強い信仰によるものである。乙麻呂は従三位とはなったが、目立った活躍は知られず、美作《みまさか》守をへて、天平宝字《ほうじ》四年（七六〇）に武部卿《ぶぶきょう》（兵部卿《ひょうぶきょう》）、従三位で薨《こう》じた。なお、大宰帥は、大宰府復置後の天平一八年以来、橘諸兄が兼ねていたが、これ以前に兼任は解かれていたようである。

詔の読み上げは仲麻呂が

一二月、藤原仲麻呂を東大寺に遣わして、造東大寺司《ぞうとうだいじし》関係者への叙位が行われた。この年三月に駿河《するが》国での産金があったことを祝っての叙位である。前年の陸奥《むつ》国の産金では、橘諸兄が聖武天皇の詔《みことのり》を読み上げる役割であったが、ここでは仲麻呂が孝謙天皇の代理として東大寺に赴いている。仲麻呂が孝謙天皇の寵臣として、左大臣諸兄や右大臣藤原豊成を超える立場となっていたことを示している。

国際色豊かな僧綱

天平勝宝三年四月、僧綱《そうごう》の任命が行われ、僧正《そうじょう》に婆羅門《ばらもん》僧菩提《ぼだい》、少僧都《しょうそうず》に東大寺僧良弁《りょうべん》、律師《りつし》に唐僧道璿《どうせん》と元興寺《がんごうじ》僧隆尊《りゅうそん》がそれぞれ任じられた。新たな僧綱の体制で、天平八年の渡来僧である菩提と道璿を僧綱に配して国際性を重視した任命で、藤原仲麻呂の意向によるものであろう。聖武天皇の勅書に署名していた大僧都行信《ぎょうしん》を超越しての僧正の任命である。

家持の歌

八月、大伴家持《やかもち》が越中《えっちゅう》守から少納言に転じて京に戻る途上で、橘諸兄を寿《ことほ》ぐための歌を用意していた（『万葉集《まんようしゅう》』巻一九、四二五六番）。その歌は、

古《いにしえ》に君の三代《みよ》経《へ》て仕《つか》へけり我《あ》が大主《おおぬし》は七代《ななよ》申《もう》さね

（これまで三代にわたって朝廷にお仕えなさいました。我が主は、さらに七代に政を奏上なさいませ）

というもので、三代仕えたというのは諸兄が元正《げんしょう》・聖武・孝謙の三代に仕えたことを指すのであろうが、あるいは「古の」とあるので過去の名臣を指し、諸兄がそれら名臣に匹敵することを讃えたとも考えられる。ともあれ、これからも長く仕えてほしいと、長寿を願う歌である。すでに六八歳の諸兄の長寿を寿ぐ歌であるが、諸兄に対して「我が大主」と呼んで、仲麻呂に圧倒されつつある諸兄の奮起を期待する意味も込められているのかもしれない。

真備も遣唐使に

一一月、遣唐使の副使に吉備真備が加えられた。大使の藤原清河が従四位下、真備は従四位上で、大使よりも位の高い真備が副使とされたことや、翌年三月に出発に先立って清河ともう一人の副使である大伴古麻呂には叙位しているが、真備にはその叙位がなかったことなどから、真備を政界から遠ざけるための遣唐副使への追加任命であったと解釈されている。そうだとすれば、藤原仲麻呂による真備排斥の一環となる。ただし、経験豊富な真備を加えることで遣唐使を充実させる意味合いもあり、この遣唐使派遣を重視したものとみることも可能である。

雑戸復活

天平勝宝四年二月、雑戸《ざっこ》の復活が命じられた。雑戸は官司に隷属する身分であったが、天平一六年に技術の伝習を条件にして身分を良民《りょうみん》とした。それは大仏造営に技術を用いることが目的であったようで、造営がほぼ終了したこの段階で、もとのように官司に所属させることとしたのである。藤原仲麻呂は養老律令を施行するなど、律令制の原則を重視する政策を多く行ったが、手工業技術を官司の統制下に置く点で、雑戸の復活も仲麻呂の政策によるものと考えられる。

ついに大仏が完成

四月九日、東大寺大仏の開眼会《かいげんえ》が盛大に行われた。天平一五年の紫香楽宮《しがらきのみや》での造立発願から一〇年かけた大事業の完成で、孝謙天皇、聖武太上天皇、光明皇太后が百官を率いて、一万の僧を集めての法会《ほうえ》であった。このときに用いられたさまざまな調度品が正倉院《しょうそういん》に伝来している。この儀礼に関しては『東大寺要録《とうだいじようろく》』に詳しく記されていて、橘諸兄も参加して、舞楽《ぶがく》の鼓《つづみ》を打ったことが知られる。この日は法会ののち、天皇は内裏に戻らず、藤原仲麻呂の田村第《だい》に還って御在所とした。仲麻呂と天皇との深いつながりを公然と示すものであった。

新羅の来朝

六月、来朝していた新羅《しらぎ》王子金泰廉《きんたいれん》らが拝朝した。新羅王子は閏三月に船七艘で七百余人を率いて大宰府に到着していた。新羅からの使者として、これまでにない規模であり、王子が来たことも異例であった。これまで日本が新羅に対して朝貢を求め、これを新羅は拒否して両国の関係は円滑でなかったが、今回は新羅が低姿勢で使者として王子を派遣してきたのである。

このときの新羅使一行は多くの物品を持ってきていた。その物品の購入を求めて貴族らが提出した買新羅物解《ばいしらぎぶつげ》が正倉院の鳥毛立女屏風《とりげりゅうじょのびょうぶ》の下貼りに用いられて伝存している（東野治之「鳥毛立女屏風下貼文書の研究」。次頁の写真参照）。新羅の使者を通した交易が行われていたことが知られ、新羅の外交政策の転換には交易関係を重視したことがあったのかもしれない。

深まる新羅との溝

しかし、日本側は新羅王子の来朝を歓迎しながらも、詔で「今より以後《のち》、国王みずから来たりて辞《ことば》を以て奏《もう》すべし。もし余人《あだしひと》を遣はし入朝せしめば、必ず表文《ひょうぶん》を賷《もたら》しむべし」として、高圧的な姿勢を取った。新羅王子らは大安寺《だいあんじ》と東大寺で礼仏して帰国したが、日本側は新羅の反発を予想したと思われ、政府は一〇月には百済王敬福《きょうふく》を検習西《けんしゅうさい》海道兵使《かいどうへいし》として、防衛を強化した。新羅に対する高圧的な外交姿勢は天平宝字年間の藤原仲麻呂政権下でさらに強まるので、このときの対応も仲麻呂が主導したものとみられるが、左大臣である諸兄もこれには同調したのであろう。

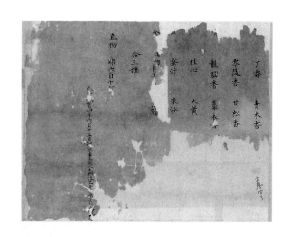

丁香　青木香
零陵香　甘松香
龍脳香　薫衣香
桂心　大黄
蜜汁　朱沙
合三種
直物　綿六百

鳥毛立女屛風と買新羅物解（正倉院宝物）

買新羅物解（上）は，新羅使がもたらした物品を購入するため，貴族が購入予定の品目とその対価を書き上げて朝廷に提出したもので，その後，鳥毛立女屛風（左）の下貼として使われたため伝来した．

また一一月に、橘奈良麻呂を但馬《たじま》・因幡《いなばの》按察使《あぜち》として兼ねて伯耆《ほうき》・出雲《いずも》・石見《いわみ》国の非違を検校《けんぎょう》させているのも、山陰道《さんいんどう》諸国の警備強化で新羅に対するものであろう。『万葉集』巻一九に、一一月二七日の奈良麻呂を送別する宴の歌があり（四二七九〜八一番）、奈良麻呂は実際に任地に赴任した。父の諸兄の力を凌いで権力を強めている藤原仲麻呂に対して奈良麻呂は不満を高めていたと思われるが、新羅との対抗という点では、協力したのである。対外的な危機感が、国内の権力集中・強化をもたらした事例である。

しかし、日本の高圧的な姿勢に新羅が従うはずもなく、翌天平勝宝五年二月に小野田《おののた》守《もり》が遣新羅使として派遣されたが、新羅から無礼であるとして拒絶された（『続日本紀《しょくにほんぎ》』天平宝字四年九月癸卯《きぼう》〈一六日〉条）。また、天平勝宝六年正月、遣唐副使の大伴古麻呂が唐僧鑑真《がんじん》らをともなって帰朝したが（大使の藤原清河は遭難して帰国できなかった）、その帰朝報告で、唐の朝賀《ちょうが》の儀式において日本の席次が新羅よりも下位に置かれていたことを抗議して、改めさせたことを伝えている。これらにより、新羅との関係は悪化し、このあと天平宝字年間に、藤原仲麻呂政権下で新羅征討準備へと進んでいくことになる。

官人引き締め

対新羅外交で強硬な態度を取るいっぽうで、天平勝宝四年一一月に、諸国の官物《かんもつ》欠失に対して国司《こくし》だけでなく郡司《ぐんじ》も処罰することを命じて地方行政の強化を行い、また中央官司で理由なく欠勤する者を解任して本貫地《ほんがんち》に戻すことを命じて、下級官人の綱紀引き締めを図っている。これらの官人対策は、律令制の原則を徹底しようとするもので、橘諸兄政権期の現実容認的な方針を転換し、対外的緊張とあわせて権力の集中を目指したもので、政治の主導者が、ほぼ完全に諸兄から仲麻呂に移行していたことがうかがえる。

諸兄と聖武の宴

同じ天平勝宝四年一一月の八日、橘諸兄の宅に聖武太上天皇を迎えて宴が開かれた（『万葉集』巻一九、四二六九〜七二番）。そのときの聖武太上天皇の歌、

よそにのみ見ればありしを今日見ては年に忘れず思ほえむかも

（関わりのないものとばかりに見ていたので今までは平気でいたけれども、今日見てしまったからには、毎年忘れずに思われるだろう）

と、諸兄の邸宅の庭を讃えたのに対して、諸兄は、

むぐら延《は》ふ賤《いや》しきやども大君《おおきみ》しまさむと知らば玉敷《たまし》かましを

（むぐらの広がるみすぼらしい家でも、大君がお出でになると分かっていたら、玉を敷きましたのに）

と応じている。この宴では、ほかに右大弁《うだいべん》藤原八束と少納言大伴家持も庭を讃える歌を詠んでいて、諸兄と聖武太上天皇が孤立していたわけではない。しかし、この宴の少し前の紅葉の時期に、孝謙天皇と光明皇太后は藤原仲麻呂の家に行幸している（『万葉集』

巻一九、四二六八番)。孝謙・光明・仲麻呂の三人の結びつきから、聖武は離れていたようである。

一一月二七日、但馬・因幡按察使として赴任する橘奈良麻呂を送るために開かれた林《はやし》王の宅での宴会には、諸兄も出席していた。この宴で大伴家持が詠んだ歌、

白雪の降り敷く山を越え行かむ君をそもとな息の緒に思ふ

(白雪が降り敷いている山を越えていくあなたを、こんなに深く息の緒〈命の綱〉のように思っています)

の末尾の句に対して諸兄は「息の緒にする」と換えて詠んでみたが、そのあとに元のままでよいと指示し直したという(四二八一番左注)。宴席の場で諸兄と家持が歌の語句をめぐってやりとりをしていて、それを家持は記録していたのである。和歌に関しては諸兄が家持に一目を置いていたことを示すエピソードである。

歌がつなぐ諸兄と家持

天平勝宝五年二月一九日、橘諸兄の家で宴が開かれ、大伴家持が一首詠んでいる(『万葉集』巻一九、四二八九番)。家持の「春愁三首《しゅんしゅうさんしゅ》」として著名な「春の野に霞たなびきうら悲しこの夕影にうぐひす鳴くも」「我がやどのいささ群竹《むらたけ》吹く風の音のかそけきこの夕べかも」「うらうらに照れる春日《はるひ》にひばり上がり心悲しもひとりし思へば」が詠まれたのは、この直後の同月二三日と二五日であった(四二九〇〜九二番)。

鑑真入京

天平勝宝六年二月、遣唐副使大伴古麻呂の船で唐から渡ってきた鑑真とその弟子たちが平城京に入り、東大寺に安置された。『唐大和上東征伝《とうだいわじょうとうせいでん》』によれば、「宰相の右大臣、大納言已下《いか》官人百余人」が東大寺に赴いて鑑真を礼拝したという。政府をあげて歓迎したのだが、右大臣（藤原豊成）、大納言（藤原仲麻呂）以下とあって、左大臣橘諸兄は加わっていない。諸兄は政治の中心から疎外されて、隠居に近い状態になっていたのであろう。

諸兄と孝謙の乳母

三月二五日、橘諸兄が山田御母《やまだのみおも》の宅で宴を開いた。このときに大伴家持は山吹の花に託して諸兄の長寿を願う歌を用意したが、諸兄が宴を早くに終えてしまったので、詠み上げられなかったという（『万葉集』巻二〇、四三〇四番）。山田御母は孝謙天皇の乳母の山田史《ふひと》日女嶋《ひめしま》（姫嶋、比売嶋女などとも記す）で、天平勝宝元年七月に正六位上から従五位下となっている。このあとの天平勝宝七歳正月に同族七人とともに山田御井《みい》宿禰の姓が与えられた。しかし、天平勝宝九歳（天平宝字元年〈七五七〉）八月には、橘奈良麻呂らのクーデタ計画を聞き知っていながら隠蔽《いんぺい》したとして、没後であったが「御母」の号を除かれ、姓を山田史に戻された。孝謙天皇の近くに仕える立場であったが、諸兄や奈良麻呂とも親しかったようである。

諸兄の最後の仕事

同年七月、大皇太后藤原宮子が没した。その葬儀のための装束司《しょうぞくし》に橘諸兄をはじめ

仲麻呂を呪う者には罰を

五位以上一一人が任じられ、造山司《ぞうざんし》に右大臣藤原豊成以下、五位以上一〇人が任じられた。さすがに藤原宮子の葬儀には、聖武太上天皇に近い諸兄も参加したのである。諸兄が官人として活動したことが史料に残る最後となった。

同年一一月には、薬師寺《やくしじ》僧行信と八幡神宮の主神大神多麻呂《かんづかさおおみわのたまろ》らが共謀して厭魅《えんみ》したとして摘発され、罪は遠流《おんる》にあたるとして行信は下野《しもつけ》薬師寺、大神多麻呂と大神社女《もりめ》は位階を剝奪のうえ、それぞれ多禰《たね》島と日向《ひゅうが》国に流された。

厭魅は妖術を用いて呪うことである。この厭魅の内容は不明で、賊盗律《ぞくとうりつ》では厭魅の対象が天皇であれば死罪、私人の間の厭魅では徒罪《ずざい》（結果が死に至れば死罪）である。天皇を厭魅して減刑により遠流となった可能性もあるが、大神多麻呂が藤原仲麻呂の乱ののち天平神護二年（七六六）一〇月に本位の外従五位下に復していることからすると、仲麻呂を対象とした厭魅であった可能性が高い。仲麻呂を標的としたために、徒刑よりも重い罰となったのであろう。

行信は天平一〇年に律師となり、そのあとには大僧都となっていて、天平二一年の勅書に左大臣橘諸兄、右大臣藤原豊成とともに署名を加えていた僧綱の有力者である。聖武天皇の側近といえる立場の僧であったが、天平勝宝三年に菩提が僧正として上に立ち、行信の立場も揺らいでいた。また、大神多麻呂と社女は天平勝宝元年の八幡神入京の中心人物で、大仏造営に協力して聖武太上天皇に歓迎されていた。聖武に近い立場のこの三人が藤原仲麻呂を厭魅したということは、権力中枢から疎外されつつあった聖武の周辺で仲麻呂に対する反感が強まっていたことを推測させる。なお翌天平勝宝七年三月に、宇佐八幡宮は八幡神の託宣によって天平勝宝二年に施入《せにゅう》された封戸《ふこ》と位田《いでん》の返上を願い出て認められている。

仲麻呂の唐風趣味

天平勝宝七年正月四日、勅によって七年の表記が七歳と改められた。これは唐の玄宗が天宝三年（天平一六年〈七四四〉）を三載と改め、粛宗《しゅくそう》の至徳《しとく》三載（天平宝字二年〈七五八〉）まで載の字が行われたのに倣ったものと考えられている。前年に帰朝した遣唐使から得た知識によるもので、藤原仲麻呂の唐風趣味の表れの一つであるが、載を歳とした理由は明らかでない。また、天平勝宝九歳（七五七）に天平宝字と改元した際には元年として、唐より早く年の表記に復している。

長寿を願う

天平勝宝七歳五月一一日、橘諸兄は左大弁《さだいべん》丹比（多治比）国人《くにひと》の宅で宴を開いた（『万葉集』巻二〇、四四四六〜四八番）。そこで丹比国人は、

我がやどに咲けるなでしこ賂《まい》はせむゆめ花散るないやをちに咲け

（私の庭に咲いているなでしこよ、贈り物をしよう、決して散らずいっそう若返って咲け）

と詠んで、諸兄の若返りを祈った。それに和して、諸兄が詠んだ歌が、

賂しつつ君が生《お》ほせるなでしこが花のみ訪《と》はむ君ならなくに

（褒美をやって君が育てているなでしこの花だけをめあてにお訪ねするような、あなたのお宅ではありません）

である。さらに諸兄はアジサイの花に寄せて、

あぢさゐの八重咲くごとく八《や》つ代《よ》にをいませ我が背子《せこ》見つつしのはむ

（アジサイが幾重にも重なって咲くように、いよいよ久しい代までもお元気でいてください、我が背子よ。見てほめたたえましょう）

と詠んでいる。「我が背子」は多治比国人に対してだろうが、あるいはこの場にいない聖武太上天皇を指すのかもしれない。いずれにしても、アジサイの花に託して長寿を願う歌である。なお、多治比国人は橘奈良麻呂の変でその与党として配流《はいる》される人物である。

諸兄が宴を開く意味

また同月一八日に、諸兄は橘奈良麻呂の宅で宴を開いた（四四四九〜五一番）。この宴での歌として残されたのは船《ふね》王と大伴家持の歌で、諸兄の歌は知られない。船王は舎人《とねり》親

王の子、のちの淳仁天皇の兄弟で、『万葉集』では諸兄の宴にたびたび参加して親しい関係にあったが、奈良麻呂の変には与《くみ》せず、むしろその一党を糾問する立場となった。大伴家持も諸兄、奈良麻呂と親しく、大伴氏から奈良麻呂派に属した人が多いが、家持自身はクーデター計画には加わらなかった。諸兄の開く宴は、必ずしも政治的同士の集まりとは限らなかったのである。むしろ対立する諸勢力を融和させる役割を果たしていたのかもしれない。諸兄の生存中は対立が爆発することがなかったのも、諸兄がそのような存在であったからであろう。

二　橘諸兄の致仕と死

聖武の罹病

天平勝宝七歳一〇月、聖武太上天皇が病気になった。かなり重かったようで、大赦《たいしゃ》や殺生禁断が命じられ、一一月には伊勢《いせ》神宮《じんぐう》に奉幣《ほうべい》していて、これも病気平癒を祈ったものと思われる。

懐　古

同年一一月二八日、またも諸兄は奈良麻呂の宅で宴を開いた（四四五四〜五六番）。このときの諸兄の歌は、

高山《たかやま》の巌《いわお》に生《お》ふる菅《すが》の根のねもころごろに降り置く白雪《しらゆき》
（高い山の岩の上に生えている菅の根のように、ねんごろに至るところに降り積もった白雪だ）

という、白雪を賞翫《しょうがん》する一首である。この宴では、諸兄は興《きょう》に乗ったためか、天平元年の班田使《はんでんし》であったときの薩妙観《さつみょうかん》との贈答歌（二一九頁参照）を披露した。昔を懐かしんだのであろう。宴の参加者は知られないが、歌を書きとめた大伴家持が加わっていたことは推定できる。

密告と致仕

そして、この宴席のことと思われるが、諸兄が酒席で無礼な言動があったとして告発される事件がおこった。『続日本紀』天平宝字元年六月甲辰《こうしん》（二八日）条によれば、天平勝宝七歳一一月に諸兄に仕えていた佐味宮守《さみのみやもり》という人物から告発があり、諸兄の言辞が無礼で、謀反にも通じるとされた。この告発は聖武太上天皇にまで伝わったが、聖武は許容して咎めなかった。しかし諸兄は、後にこのことを聞き、致仕《ちし》を願い出たという。諸兄の致仕が認められたのは、翌天平勝宝八歳二月のことである。

佐味宮守

諸兄のことを密告した佐味宮守は、諸兄の「祇承人《ししょうのひと》」とあり、諸兄の家令職員《かれいしきいん》の一人であったのだろう。奈良麻呂の変後の天平勝宝九歳七月五日に従八位上から従五位下が与えられており、その従八位上の位階からみて、家令の少従《しょうじゅう》（判官）か大書吏《だいしょり》（主典）

であったと考えられる。そのような諸兄の近習者にまで仲麻呂の手が伸びていて、諸兄の周辺に集まる人々に目を光らせていたのだろう。

擁護か処罰か

また聖武太上天皇は咎めなかったが、孝謙天皇は処罰を望んだようで、勅によって、宴会に同席していた佐伯美濃麻呂《みのまろ》を呼び出して聴取が行われ、美濃麻呂は「自分は聞いたことがない。佐伯全成《またなり》が知っているかもしれない」と答えた。そこで、さらに佐伯全成を喚問しようとしたところ、光明皇太后が懇願して、それをやめさせたという。『続日本紀』には、「語《こと》は田村記に具《つぶさ》なり」とある。「田村記」とは、藤原仲麻呂の邸宅が田村第と呼ばれているので、仲麻呂に関する記録と思われるが、現在それは伝わらない。

光明皇太后が喚問をやめさせたのが諸兄の致仕の前か後かは不明だが、光明皇太后も諸兄を処罰することは望まなかったらしい。この点では、諸兄を擁護する聖武・光明と、諸兄を処罰しようとする孝謙・仲麻呂とで意見の対立が表れていたのである。諸兄は処罰されなかったが、配下から密告者が出ているように、その力の衰えは明らかで、引退を願い出ることになったのである。

聖武の死

諸兄が致仕した天平勝宝八歳二月頃に、聖武太上天皇は前年からの病気が復したようで、孝謙天皇・光明皇太后とともに難波に行幸し、河内知識寺などに参拝したが、四月にはふたたび病気が悪化して、五月二日に死去した。五六歳であった。同日に遺詔《いしょう》によって道祖王《ふなど》が皇太子となった。

道祖王
道祖王は、新田部《にいたべ》親王の子、天武天皇の孫で、このときには中務卿、従四位上であった。新田部親王は舎人親王とともに聖武が皇太子であった時期から後見者の立場に立っており、その子たちは天武孫王のなかで有力な存在であった。道祖王には兄塩焼《しおやき》王があり、塩焼王は聖武の娘不破《ふわ》内親王（母は県犬養広刀自）を妃としていて、本来は最有力であったが、天平一四年一〇月に女孺《にょじゅ》とともに捕らえられて流罪《るざい》となっている。不破内親王も聖武の怒りを買って親王号を剥奪されている（『続日本紀』神護景雲《じんごけいうん》三年〈七六九〉五月壬辰《じんしん》〈二五日〉条）。のち許されて塩焼王は本位に復したが、聖武の不興は続いたため、弟の道祖王が皇太子に指名されたようである。

古慈斐と三船の逮捕
聖武の没後間もない五月一〇日、出雲守大伴古慈斐《こしび》と内竪淡海三船《ないじゅおうみのみふね》が朝廷を誹謗したとして逮捕され、左右衛士府《さうえじふ》に禁獄された。三日後には二人とも放免されていて、誹謗した内容は不詳だが、『万葉集』巻二〇、四四六五～六七番の左注には、淡海三船の讒《ざん》言《げん》により大伴古慈斐が出雲守を解任されたとあり、また古慈斐の薨伝《こうでん》（『続日本紀』宝亀《ほうき》八年〈七七七〉八月丁酉《ていゆう》〈一九日〉条）では、藤原仲麻呂の誹謗《ひぼう》によるとしている。

大伴古慈斐

古慈斐は、このあと出雲守から土佐《とさ》守に遷ったようで、翌年の橘奈良麻呂の変のときには奈良麻呂の与党として任国の土佐に配流の扱いとなっていて、反仲麻呂グループの一人であった。古慈斐は、このとき従四位上で、大伴氏では参議兄麻呂に次ぐ地位にあった。兄麻呂は紫微大弼として仲麻呂に近い立場にあるので、古慈斐が大伴氏のなかの反仲麻呂派の最有力者であったのであろう。なお、大伴家持が「族を喩《さと》す歌」（四四六五番）を詠んで一族の人々に自重を求めたのは、この事件に際してであった。

淡海三船

淡海三船は、のちに文人の首《おびと》と称された人物である。壬申《じんしん》の乱で敗れた大友《おおとも》皇子の曾孫で、もと御船王。若くして出家して僧名は元開《げんかい》となったが、勅命により還俗《げんぞく》して天平勝宝三年正月、多くの王が賜姓《しせい》されて臣籍となったときに無位で淡海真人《まひと》姓を与えられた。内竪は、令制にはないが天皇の側近に仕えた職務である。おそらく三船は内舎人《うどねり》で、特に天皇の側近として内竪と称されたのであろう。

孝謙・仲麻呂の警戒

淡海三船が大伴古慈斐を讒言したのか、それとも三船も讒言により嫌疑を受けたのか、説が分かれるところである。三船の薨伝によれば、天平宝字元年に式部少丞《しょうじょう》となったようで（『続日本紀』延暦《えんりゃく》四年〈七八五〉七月庚戌《こうじゅつ》〈一七日〉条）、その後も事件による悪影響はみられず、反孝謙天皇や反仲麻呂派ということではなかったようである。『万葉集』にあるように、三船は告発者であって、告発者も取り調べの際は拘束されたと考えるのが妥当だろう（山田英雄「淡海真人三船の讒言」）。そして大伴古慈斐が上国出雲守から中国の土佐守への左降程度であり、冤罪ではないが、微罪もしくは嫌疑不十分の程度であったので、淡海三船には特段の褒賞も処罰もなかったと考えられる。いずれにせよ、聖武太上天皇の死去によって、孝謙天皇・藤原仲麻呂側が反対派の動きに警戒を強めたことがうかがえる。

六月二一日、聖武太上天皇の七七忌《しちしちき》が行われた。光明皇太后から聖武の遺品が東大寺に献じられた。現存する正倉院宝物《しょうそういんほうもつ》の主要な部分は、このときの献納物である。

七月には、授刀舎人《たちはき》四〇〇人を中衛府《ちゅうえふ》の管轄とし、それとは別に中衛舎人を三〇〇人から四〇〇人に増員した。中衛大将でもある藤原仲麻呂の統率下の兵力を強化して、反対派を威圧しようとするものであった。

諸兄死す

天平勝宝九歳（天平宝字元年）正月六日、諸兄がついに亡くなった。『公卿補任《くぎょうぶにん》』によれば七四歳であった。『続日本紀』では、従四位上紀飯麻呂《いいまろ》と従五位下石川豊人《とよひと》らを遣わして喪のことを監護させ、用いる物は官より支給したとある。もと左大臣の死去に対する弔使《ちょうし》としては格が低く、冷淡な扱いである。聖武と諸兄の相次ぐ死によって一つの時代が終わった。そして、貴族たちの対立が一挙に動きだし、藤原仲麻呂の強権が発動されるようになる。

三　橘奈良麻呂の変

王を臣下の子に

諸兄の死の直後、正月九日に従五位下の石津《いしづ》王に藤原朝臣の姓が与えられて藤原仲麻呂の子とされた。石津王の系譜は不詳で、藤原氏を母としたのかと思われるが、王を臣下の子とするのは異例である。

藤原部の改称

三月に藤原部を久須波良部《くずはらべ》、君子部《きみこべ》を吉美侯部《きみこべ》と改めよとする勅が出された。祖先の諱《いみな》や皇帝の諱を避けることは中国の古くからの風習であり、藤原仲麻呂の唐風好みによる施策の一つとされるが、ここでは天皇の諱ではなく藤原の氏族名を避けさせている。藤原部は『日本書紀《にほんしょき》』允恭《いんぎょう》天皇一一年（四三）三月条に、皇后の妹衣通郎姫《そとおりのいらつめ》のために居所の藤原宮にちなんで藤原部を置いたとある。これは部の伝承にすぎないが、中臣鎌足《かまたり》に始まる藤原朝臣氏とは直接には関わらない部であり、藤原部直《あたい》や藤原部造《みやつこ》の氏もある。それら藤原部に藤原の文字を使わせないことにしたのである。藤原朝臣氏を特別な氏族としたのであり、他氏族に対する挑発ともいえる命令である。

大炊王の立太子

同じく三月、孝謙天皇は、皇太子道祖王が太上天皇の諒闇《りょうあん》中にもかかわらず品行が修まらないとして、廃太子を決定した。そして四月に、群臣を召して新たな皇嗣を誰にすべきかを議論させた。藤原豊成と藤原永手《ながて》らは塩焼王（新田部親王の子、道祖王の兄）を推し、文室珍努《ふんやのちぬ》、大伴古麻呂らは池田王《いけだ》（舎人親王の子）を推したが、藤原仲麻呂は「臣を知るは君に若くはなし」として、天皇の意向を聞くべきだとした。それをうけて天皇は、舎人親王・新田部親王の子から選ぶべきだとしながら、その一人ずつについて難点をあげ、大炊王《おおい》のみは年は若いが悪いことを聞かないので大炊王を立てたいと述べ、群臣たちは天皇の命令に従うとした。大炊王の立太子が決定して、祥瑞《しょうずい》の出現、大赦、課役負担の軽減、叙位などをあわせて盛大に立太子が布告された。

大炊王は舎人親王の子で、母は当麻《たぎま》真人老《おゆ》の娘山背《やましろ》、このとき二五歳であった。藤原仲麻呂は、子の真従《まより》が死後にその妻粟田諸姉《あわたのもろね》を大炊王に娶《めと》せ、私邸の田村第に住まわせていたという（淳仁天皇即位前紀）。いわば仲麻呂の子飼いの王であった。この群臣を集めての会議には光明皇太后も出席しており、孝謙天皇が大炊王の名前を挙げたのは、光明・孝謙・仲麻呂の三者の合意があったことがうかがわれる。

仲麻呂のねらい

また道祖王の品行不良の内容として、機密を民間に漏らしたことがあげられていて、道祖王と結ぶ勢力があったことが知られる。そして、藤原仲麻呂らからすれば、群臣らに候補者を推薦させることで、反対勢力がどの王と結んでいるかを探る目的もあったのだろう。なお、橘奈良麻呂はこの会議では特定の王を推さなかったようだが、奈良麻呂と近い立場であった大伴古麻呂が推した池田王は、このあとの橘奈良麻呂の変では奈良麻呂方には加わっていない。奈良麻呂らも、会議では表だって対立することを避け、様子を見たのだろう。

養老令の施行

同年五月、天皇は大宮《おおみや》の修理のため仲麻呂の田村第に移り、そこを居所とした。同月には仲麻呂は新たに紫微内相《ないしょう》となった。紫微内相は紫微中台の長官の紫微令を改称したものだが、詔によって「内外の諸兵事を掌《つかさど》らしむ」として、軍事全般を統轄する権限を得た。また同日には、天皇の外祖父藤原不比等が編纂した養老律令を施行することが命じられた。不比等は孝謙天皇の外祖父であるとともに仲麻呂の祖父でもある。編纂から約四〇年を経ている養老律令を施行したのは、不比等の業績を称揚する意味がある。

治安法令の発布

六月九日には、諸氏の氏上《うじのかみ》が勝手に一族の人々を集めること、武官以外が京内で武器を携行すること、京内で騎馬して二〇騎以上が集まることなど、五ヶ条の治安法令が出された。反仲麻呂派の動きを牽制するものであった。

奈良麻呂のクーデター計画

六月二八日、山背王（長屋《ながや》王の子。母は藤原不比等の娘。のちに藤原弟貞《おとさだ》となる）から橘奈良麻呂らのクーデター計画の告発があった。さらに七月二日には、中衛舎人の上道《かみつみちの》斐太都《ひたつ》から藤原仲麻呂にクーデター計画の詳細が知らされ、それにもとづいて、二日から四日にかけて関係者らへの尋問が行われた。尋問によって知られた計画は、七月二日の夜を期して藤原仲麻呂邸を襲撃して仲麻呂を殺害し、皇太子大炊王を退け、さらに皇太后宮を攻めて鈴《れい》・璽《じ》（印）を奪い、右大臣藤原豊成に号令させて孝謙天皇を退位させ、塩焼王・道祖王・安宿《あすかべ》王・黄文《きぶみ》王の四人のなかから誰かを選んで即位させるというものであった。

襲撃の対象は藤原仲麻呂にとどまらず、大規模な挙兵計画であった。また鈴・印が皇太后宮にあったようで、この時期の実質的な最高権力は光明皇太后にあったことが知られる。道祖王はこの年に皇太子を廃された王である。塩焼王はその兄で、皇太子の候補として藤原豊成らが推していた。安宿王と黄文王は長屋王の子であり、挙兵計画そのものにも参画していた。

奈良麻呂と一味への糾問

この尋問のなかで、橘奈良麻呂は、糺問の勅使藤原永手らの「叛逆をなぜ企てたのか」の問いに、「内相仲麻呂の政治には無道なことが多いからだ」と答え、さらに「無道とは、どのようなことか」と問われると、「東大寺を造って人民が苦しんでいる。いろいろな氏の人々も困っている。また剗《さん》（関）を奈羅（奈良坂か）に置いて人々を苦しめている」と答えた。さらに勅使から「いろいろな氏とは、どの氏か。また東大寺を造ることは、もともと汝の父（諸兄）のときに始まったことで、今になって人々が苦しんでいるというのは、おかしいではないか」と反問されると、奈良麻呂は言葉に窮してしまった。東大寺造営が貴族らの大きな批判の対象であったことを示している。

そのほかの人々に対しても厳しい拷問が行われ、黄文王・道祖王・大伴古麻呂・多治比犢養《こうしかい》・小野東人《あずまひと》・賀茂角足は拷問で死に、安宿王・佐伯大成《おおなり》・大伴古慈斐・多治比国人らは配流され、陸奥守として赴任していた佐伯全成は尋問をうけて自殺した。その後、右大臣藤原豊成は、子の乙縄《おとなわ》が奈良麻呂一味に加わっており、また謀反計画を知りながら隠蔽したとして、右大臣を解任され大宰員外《いんがい》帥に左遷された。中納言多治比広足も甥が事件に関与したとして中納言を解任された。のちに宝亀元年に恩赦《おんしゃ》が行われた際に、この事件の関係者と縁坐《えんざ》者は四四三人とあり（『続日本紀』宝亀元年七月癸未《きび》〈二三日〉条）、大規模な叛乱計画であったことが知られる。

奈良麻呂の処遇

ところで、この変で拷問死したり配流となった人々のなかに奈良麻呂の名がみえない。『公卿補任』天平勝宝九年（天平宝字元年）条の参議橘奈良麻呂の項に「謀反伏誅」として、注記に「或本《あるほん》に遠流とするは如何《いかん》」とあり、死罪ではなく流罪となったとする説もある。しかし、『続日本紀』では配流の人にも奈良麻呂の名はみえず、奈良麻呂が首謀者として扱われているのは明らかであるから、ほかの人々と同じく拷問のなかで殺されたと考えてよいだろう。

対立の暴発としてのクーデター

橘諸兄の没後に朝廷内の対立が爆発したのがこの事件であった。佐伯全成の供述によれば、奈良麻呂による藤原仲麻呂打倒の動きは何度もあり、天平一七年に聖武天皇が難波で病気となったときから始まっていた。二回目は天平勝宝元年、孝謙天皇が即位した年、三回目は前年の天平勝宝八歳四月、聖武太上天皇が没する前月のことで、それぞれ全成は計画への参加を要請されたが断ったという。計画が実行されなかったのは参加者が少なかったからだろう。橘諸兄の力は衰えたとはいっても、その存在する間は実力行使に同調する者は少なく、また藤原仲麻呂方も強権発動は控えていた。諸兄の経歴は、このような諸勢力の対立を融和させてきたことの連続であったともいえる。諸兄の死去によって、対立が一挙に噴出したのである。

奈良麻呂の変後

そして、橘奈良麻呂の変ののち、孝謙天皇の専制がますます強化され、それに支えられて藤原仲麻呂が淳仁天皇を擁立して強権を振るうことになった。しかし、光明皇太后が天平宝字四年に亡くなると、孝謙上皇と淳仁・仲麻呂との関係が悪化し、天平宝字八年に藤原仲麻呂の乱により、仲麻呂は滅び、淳仁天皇は廃されることになった。

四　橘諸兄の子孫たち

子孫たちのその後

橘諸兄の子として知られるのは奈良麻呂だけである。奈良麻呂の子女は謀反に連坐したが、氏族としての橘氏は諸兄の弟佐為《さい》の系統もあり、佐為の娘古那可智《こなかち》は聖武天皇の夫人となっていた。奈良麻呂の変の直後、天平宝字元年閏八月に、夫人橘朝臣古那可智と宮子《みやこ》・麻都賀《まつが》・綿裳《わたも》・真姪《まおい》の姓を改めて広岡朝臣《ひろおかのあそん》とされた。麻都賀と綿裳は佐為の子であることが知られ、宮子・真姪も同じであろう。いずれも謀反の縁坐は免れたが、橘朝臣の姓を避けさせたのであろう。これによって、橘朝臣氏はいったんは消滅した。

古那可智

古那可智は天平宝字三年七月に没したときも広岡朝臣と記されている。ただし綿裳は天平宝字三年六月に正六位上から従五位下となったときに橘宿禰綿裳と記され、その後しばらく宿禰姓で、宝亀九年九月に宿禰から朝臣に改姓されている。麻都賀は天平宝字五年に橘宿禰姓で記され、宝亀二年以降は橘朝臣姓で記されている。綿裳と麻都賀は、ともに広岡朝臣から橘宿禰、さらに橘朝臣に戻ったのである。

綿裳と麻都賀

綿裳と麻都賀が広岡朝臣から橘宿禰になった時期は不詳だが、天平宝字三年の古那可智が広岡朝臣で没した前後かと思われる。この時期には光明太皇太后（天平宝字四年六月没）の生存中である。橘宿禰姓は、光明の母県犬養宿禰三千代が与えられた橘の姓に由来するのであり、その橘宿禰姓を残すことを光明太皇太后は望んだのであろう。広岡から橘に戻るときに朝臣でなく宿禰とされたことには、光明太皇太后の意向がうかがえる。その後、奈良麻呂の子らが恩赦によって復権して橘朝臣が復活すると、佐為の子孫もふたたび橘宿禰から橘朝臣へと改姓されたのである。

綿裳は大同《だいどう》四年（八〇九）に散位従四位上で没したが、その子孫には文人として知られる橘直幹《なおもと》などがいる。麻都賀（真束、麻通我とも記す）は、延暦年間の右大臣藤原是公《これきみ》の室となり、雄友《おとも》、真友《まとも》らを産み、尚蔵《くらのかみ》従三位まで昇った。奈良麻呂の子孫の地位回復には麻都賀の力があったのかもしれない。

奈良麻呂の子

奈良麻呂の子は、『尊卑分脈《そんぴぶんみゃく》』によれば、安麻呂《やすまろ》・入居《いりい》・嶋田麻呂《しまだまろ》・清友《きよとも》の四人があった。奈良麻呂は天平勝宝九歳の政変のときには三七歳であったから、その子たちは一〇代以下で、クーデター計画には直接関わらなかったであろう。しかし、奈良麻呂の変では安宿王の妻子も配流されているので、奈良麻呂の妻子も縁坐で流罪となったと考えられる。

称徳の大赦

神護景雲四年（宝亀元年）六月一日、称徳《しょうとく》天皇は大赦を行い、橘奈良麻呂の変や藤原仲麻呂の乱に関わった人々についても、その罪の軽重によって判断することを命じた。これをうけて、七月二三日に太政官からの報告により、奈良麻呂の変の関係者四四三人のうち二六二人は罪が軽いので、免罪すべしとされた。称徳天皇は、この年四月から病気となり、八月四日に亡くなっている。その最晩年になって、橘奈良麻呂の変の関係者の多くを赦免したのである。このときに奈良麻呂の妻子らも赦免されたのであろう。

奈良麻呂の妻

奈良麻呂の妻として知られるのは、安麻呂の母大原《おおはら》真人明《あきら》（明娘とも）である。大原明は、復帰後に後宮《こうきゅう》に仕えたようで、延暦三年正月に女嬬《にょじゅ》として無位から従五位下となり、のち昇進して弘仁《こうにん》六年（八一五）一〇月に散事《さんじ》従三位で没した。子の安麻呂が弘仁《こうにん》一二年に八三歳で没しているので、明は弘仁六年には一〇〇歳近くの長寿であったようである。

安麻呂

奈良麻呂の子のうち、安麻呂は延暦六年正月に正六位上から従五位下となり、雅楽助《うたのすけ》、甲斐《かい》守、少納言などを歴任して、弘仁一二年七月に散位正四位上で没した。享年八三であった（『類聚国史《るいじゅこくし》』巻六六、弘仁一二年七月乙巳《いっし》〈一一日〉条）というから、天平一一年の生まれである。奈良麻呂の第一子で、礼節を守り、古事をよく知っていたという。大同二年、桓武《かんむ》の子伊予《いよ》親王とその母藤原吉子《きっし》が謀反の疑いで幽閉されて自殺した際に、その外戚だったため備前《びぜん》守を解任されたこともある。藤原吉子（父は藤原是公）の兄弟の雄友の母が橘佐為の娘麻都我であり、吉子の母も同じだろうと考えられているが、吉子の母が麻都我だとしても安麻呂と吉子はマタイトコとなり、外戚と呼ぶには関係が遠すぎる。伊予親王の妻に安麻呂の娘がいた可能性も考えられる。

入居

入居は延暦二年に正六位上から従五位下となり、近江介《おうみのすけ》、中衛少将、遠江《とおとうみ》守などを歴任して、延暦一九年二月に右中弁、従四位下で没した。しばしば政治上の意見を述べ、刪定令《さくていりょう》の編纂に参画したという（『類聚国史』巻一四七、延暦一九年二月戊寅《ぼいん》〈一〇日〉条）。安麻呂より昇進が早かったのは、能力が認められたためであろう。なお、能書で知られる橘逸勢《はやなり》は入居の子である。

嶋田麻呂

嶋田麻呂は、延暦一六年二月に従五位下で春宮亮《とうぐうのすけ》となり、その後、正五位下兵部大《ひょうぶたい》輔《ふ》となった。娘の常子《つねこ》は桓武天皇に入内《じゅだい》し、大宅《おおやけ》内親王を生んでいる（『続日本後紀《しょくにほんこうき》』嘉《か》祥《しょう》二年〈八四九〉二月己亥《きがい》〈一四日〉条）。嶋田麻呂自身は兵部大輔・正五位下にとどまったようだが（『尊卑分脈』は従四位下とするが疑わしい）、その子孫からは、広相《ひろみ》など公卿に昇る有力者を輩出した。

清友

清友は、延暦五年に内舎人となり、同八年に三二歳で没した。右大臣氏公《うじきみ》と嵯峨《さが》天皇の皇后橘嘉智子《かちこ》の父である。嘉智子の崩伝（『日本文徳天皇実録《にほんもんとくてんのうじつろく》』嘉祥三年五月壬午《じんご》〈五日〉条）によれば、清友は身長六尺二寸の長身にして眉目秀麗で、宝亀八年に渤海使《ぼつかいし》の接待役となったときに、渤海の大使史都蒙《しともう》が清友の容姿を見て、子孫が繁栄する相だが三二歳のときに災厄があると告げ、清友はそののち田口《たぐち》氏の女を娶り嘉智子が生まれたが、三二歳で病死して史都蒙の予言の通りであったという。延暦八年に三二歳とすると、天平宝字二年の生まれとなり、清友は奈良麻呂の没後の誕生であった。

嘉智子

清友の子、嘉智子は、延暦五年生まれ、嵯峨天皇（神野《かみの》親王）が皇太子となる以前に妃となり、大同四年、嵯峨天皇の即位により夫人となり、弘仁六年に皇后に立てられた。仁明《にんみょう》天皇の母として太皇太后となり、嘉祥三年に六五歳で没した。檀林寺《だんりんじ》を建立し、檀林皇后と称される。

氏公

氏公は延暦二年生まれ、弘仁六年に従五位下となり、以後順調に昇進して承和《じょうわ》一一年（八四四）に右大臣となり、同一四年に六五歳で没した。その薨伝には太后（嘉智子）の弟であることから顕要の官職についたとあるが（『続日本後紀』承和一四年一二月庚戌〈一九日〉条）、嘉智子より年長で兄である。

その後の橘氏

仁明天皇が即位すると、橘清友は外祖父として天長《てんちょう》一〇年（八三三）に正一位を贈られ、さらに承和六年には太政大臣《だじょうだいじん》を贈られた。また橘奈良麻呂にも承和一〇年に従三位、同一四年には太政大臣正一位が贈られて、名誉回復が行われた。

その後、橘氏は平安時代の貴族社会のなかで一定の地位を占め、中世には源平藤橘《げんぺいとうきつ》のいわゆる四姓の一つとされたが、橘氏のなかで優勢だったのは氏公の子孫よりも嶋田麻呂の子孫であった。それでも橘氏の氏神とされた梅宮神社《うめのみやじんじゃ》で祭神とされたのは、嵯峨天皇、仁明天皇、橘嘉智子、橘清友である。平安時代の橘氏の展開は、橘嘉智子を出発点として考えるのがよいだろう。

橘諸兄関係系図

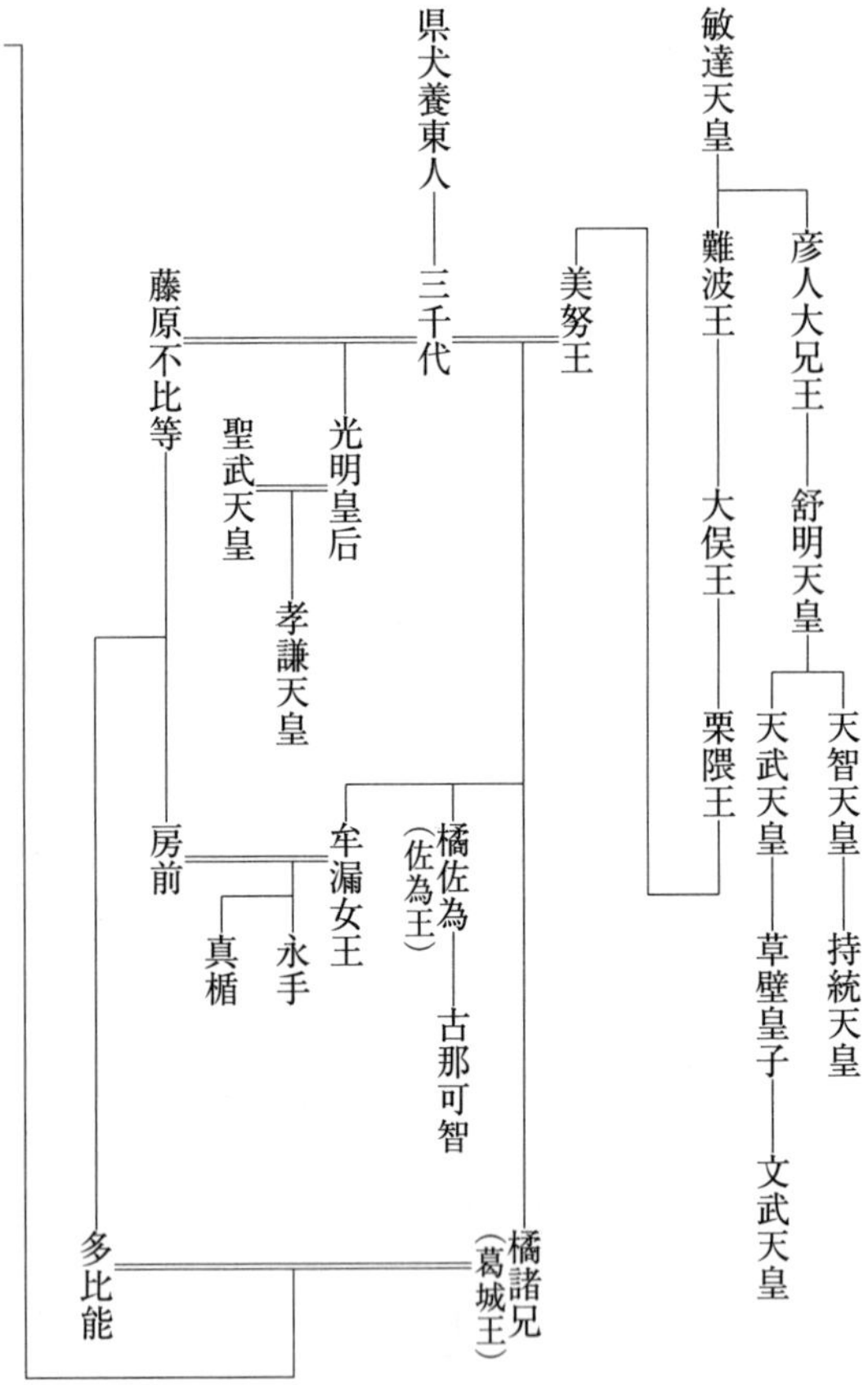

敏達天皇
彦人大兄王
舒明天皇
天智天皇
持統天皇
天武天皇
草壁皇子
文武天皇
難波王
大俣王
栗隈王
美努王
県犬養東人
三千代
橘佐為
(佐為王)
古那可智
橘諸兄
(葛城王)
光明皇后
聖武天皇
孝謙天皇
牟漏女王
藤原不比等
房前
永手
真楯
多比能

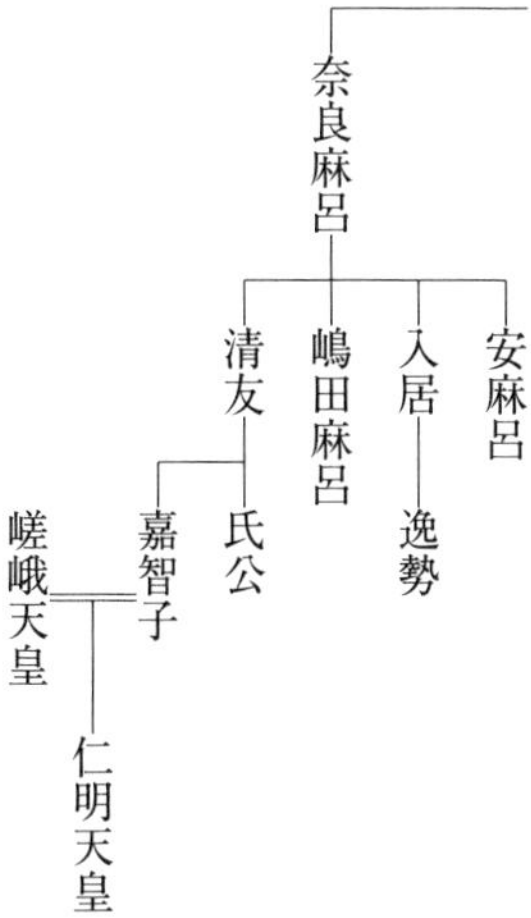
奈良麻呂
安麻呂
入居
嶋田麻呂
清友
逸勢
氏公
嘉智子
嵯峨天皇
仁明天皇

天皇・皇族略系図（図中の番号は天皇の即位順）

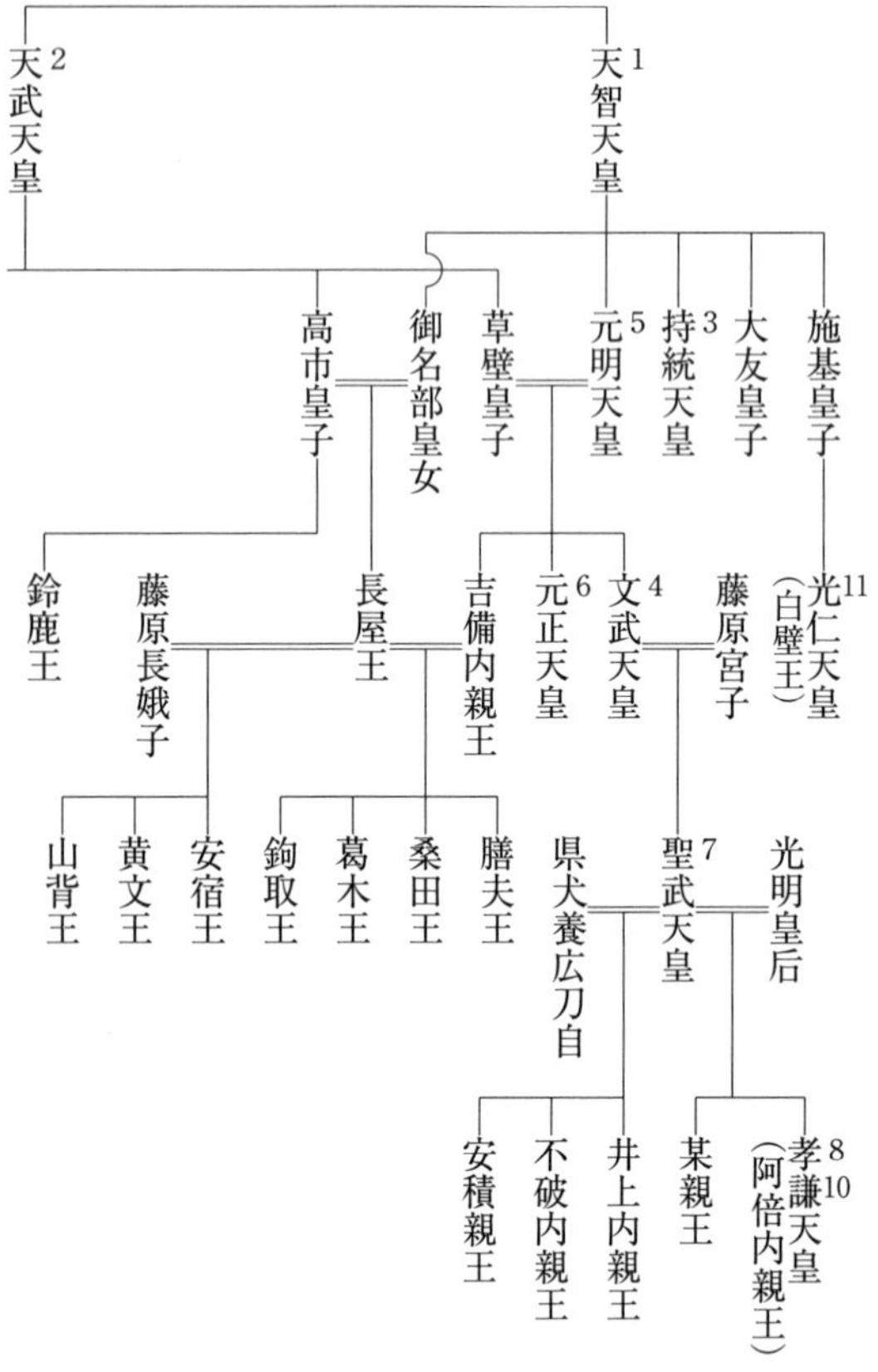

- 舎人親王
  - 9 淳仁天皇（大炊王）
  - 船王
- 新田部親王
  - 塩焼王
  - 道祖王

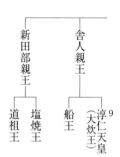

略年譜

年次	西暦	年齢	事蹟	参考事項
天武一三	六八四	一	誕生（父は美努王、母は県犬養三千代）	
持統 四	六九〇	七		この前後に、弟佐為王、妹牟漏女王誕生
八	六九四	一一		美努王が大宰率となる
大宝 元	七〇一	一七		三千代と藤原不比等の間に安宿媛誕生
慶雲 元	七〇四	二一	この頃、舎人として出仕	
三	七〇六	二三		五世王を皇親とする
和銅 元	七〇八	二五		美努王没。三千代に橘宿禰賜姓
三	七一〇	二七	正月、無位から従五位下に叙位。この頃侍従となる	平城京に遷都
四	七一一	二八	一二月、馬寮監となる	
七	七一四	三一		佐為王が従五位下となる。牟漏女王と藤原房前の間に永手誕生
霊亀 元	七一五	三二		元正天皇即位
二	七一六	三三		安宿媛、首親王の妃となる

養老 元	七一七	三四	正月、従五位上となる	三千代、従三位となる
二	七一八	三五		安宿媛、阿倍内親王を生む
四	七二〇	三七	この頃、藤原多比能を妻とする	藤原不比等没
五	七二一	三八	正月、正五位下となる○九月、斎王の前輿長となる○この年、奈良麻呂が生まれる	三千代、正三位に。元明上皇没
七	七二三	四〇	正月、正五位上となる	
神亀 元	七二四	四一	二月、従四位下となる	聖武天皇即位
四	七二七			安宿媛に皇子誕生、立太子
五	七二八	四五	この頃、内匠寮監となる	中衛府・内匠寮設置。皇太子没
天平 元	七二九	四六	三月、正四位下となる○九月、左大弁となる○一一月、班田使となる○薩妙観との贈答歌	長屋王の変。安宿媛皇后となる
二	七三〇	四七	九月、催造司監となる	
三	七三一	四八	八月、参議となる	鎮撫使設置
四	七三二	四九	正月、従三位となる	節度使設置
五	七三三	五〇		三千代没
八	七三六	五三	一一月、橘宿禰諸兄と姓名を改める	
九	七三七	五四	九月、大納言となる	疫病大流行。藤原四兄弟ら没。橘佐為没
一〇	七三八	五五	正月、正三位、右大臣となる○五月、伊勢神宮への神宝使となる○八月、諸兄宅での宴○一〇月、旧宅での宴	阿倍内親王立太子

一一	七三九	五六	正月、従二位となる	二月、難波宮行幸○九月、藤原広嗣の乱おこる○一〇月、東国行幸に進発し、伊勢、美濃を経て一二月に恭仁宮に入る
一二	七四〇	五七	五月、相楽第に聖武天皇が行幸、奈良麻呂に従五位下叙位○一一月、正二位となる○一二月、恭仁宮を設営する	
一三	七四一	五八		正月、恭仁京を新都とする○二月、国分寺建立の詔
一四	七四二	五九		正月、大宰府を廃す○八月、紫香楽に行幸。以後、行幸を繰り返す
一五	七四三	六〇	五月、従一位、左大臣となる	五月、墾田永年私財法発布○一〇月、大仏造立の詔
一六	七四四	六一	二月、難波にとどまり、難波宮を都とする詔を宣す○九月頃、紫香楽に遷る	正月、難波に行幸、安積親王没○二月、難波より紫香楽に行幸
一七	七四五	六二		四月、紫香楽で火災・地震が相次ぎ、五月、平城京還都○八月、難波行幸○九月、聖武天皇病む、橘奈良麻呂のクーデター計画
一八	七四六	六三	正月、元正太上天皇の御在所で雪の宴○四月、大宰帥を兼ねる	正月、牟漏女王没○一〇月、金鐘寺で燃灯供養
一九	七四七	六四		一一月、国分寺造営を督促
二〇	七四八	六五	三月、諸兄の使者が越中に赴く	四月、元正太上天皇没

天平勝宝元	七四九	六六	四月、正一位となる○閏五月、聖武天皇の勅書に自署○七月、奈良麻呂が参議となる	二月、行基没、陸奥で産金○四月、天皇ら大仏を参拝。天平感宝改元○七月、孝謙天皇即位、天平勝宝改元
二	七五〇	六七	正月、宿禰姓から朝臣姓となる	
三	七五一	六八	八月、大伴家持の橘諸兄を寿ぐ歌	
四	七五二	六九	一一月、諸兄宅に聖武太上天皇を招いて宴○橘奈良麻呂の壮行の宴	四月、大仏開眼会○一一月、橘奈良麻呂が但馬・因幡按察使となる
五	七五三	七〇	二月、諸兄の宅で宴	
六	七五四	七一	三月、山田御母の宅で宴○七月、藤原宮子の葬儀の装束司となる	二月、鑑真ら入京し東大寺に入る○七月、藤原宮子没○一一月、僧行信ら配流
七	七五五	七二	五月、多治比国人宅で宴○橘奈良麻呂の宅で宴○一一月、橘奈良麻呂の宅で宴、諸兄の言辞を佐味宮守が密告する	
八	七五六	七三	二月、致仕する	五月、聖武太上天皇没、道祖王立太子
天平宝字元	七五七	七四	正月、没	三月、道祖王廃太子○四月、大炊王立太子○六月、山背王がクーデター計画を告発○七月、橘奈良麻呂ら捕縛される○閏八月、橘古那可智らが広岡朝臣に改姓

三	七五九			この頃、広岡綿裳ら橘宿禰に復す
宝亀 元	七七〇			七月、橘奈良麻呂の変の連坐者を赦免。この頃、橘綿裳ら宿禰から朝臣に復す
延暦 二	七八三			橘入居が従五位下となる
弘仁 六	八一五			橘嘉智子が嵯峨天皇の皇后となる
承和一〇	八四三			橘奈良麻呂に従三位を贈位
一四	八四七			橘奈良麻呂に贈太政大臣正一位

参考文献

一 史料

『続日本紀』（新日本古典文学大系） 岩波書店
『日本書紀』（日本古典文学大系） 岩波書店
『万葉集』（岩波文庫） 岩波書店
『公卿補任』（新訂増補国史大系） 吉川弘文館
『尊卑分脈』（新訂増補国史大系） 吉川弘文館
『新撰姓氏録』（佐伯有清『新撰姓氏録の研究』本文編） 吉川弘文館
『律令』（日本思想大系） 岩波書店
『政事要略』（新訂増補国史大系） 吉川弘文館
『本朝皇胤紹運録』（群書類従） 続群書類従完成会
『類聚三代格』（新訂増補国史大系） 吉川弘文館
『延喜式』（訳注日本史料） 集英社
『東大寺要録』（筒井英俊校訂） 国書刊行会

『家伝　下（藤原武智麻呂伝）』（『寧楽遺文』）　東京堂出版
『元亨釈書』（新訂増補国史大系）　吉川弘文館
『類聚国史』（新訂増補国史大系）　吉川弘文館
『日本後紀』（訳注日本史料）　集英社
『続日本後紀』（新訂増補国史大系）　吉川弘文館
『日本文徳天皇実録』（新訂増補国史大系）　吉川弘文館
『大日本古文書』　東京大学出版会
『木簡研究』年刊　木簡学会

二　研究文献・図書

井上　薫『行基』（人物叢書）　吉川弘文館　一九五九年
井上　薫『奈良朝仏教史の研究』　吉川弘文館　一九六六年
植木　久『難波宮跡』（日本の遺跡）　同成社　二〇〇九年
小笠原好彦『聖武天皇と紫香楽宮の時代』（新日本新書）　新日本出版社　二〇〇二年
小笠原好彦『聖武天皇が造った都』（歴史文化ライブラリー）　吉川弘文館　二〇一二年
勝浦令子『孝謙・称徳天皇』（ミネルヴァ日本評伝選）　ミネルヴァ書房　二〇一四年

川崎庸之『記紀万葉の世界』（川崎庸之歴史著作選集　第一巻）　東京大学出版会　一九八二年
岸　俊男『藤原仲麻呂』（人物叢書）　吉川弘文館　一九六九年
北山茂夫『萬葉の時代』（岩波新書）　岩波書店　一九五四年
北山茂夫『大伴家持』（平凡社ライブラリー）　平凡社　二〇〇九年、もと一九七一年
木本好信『大伴旅人・家持とその時代』　桜楓社　一九九三年
木本好信『奈良朝政治と皇位継承』　高科書店　一九九五年
木本好信『奈良時代の人びとと政争』　おうふう　二〇〇三年
木本好信『平城京時代の人びとと政争』（つばら選書）　つばら　二〇一〇年
木本好信『藤原仲麻呂』（ミネルヴァ日本評伝選）　ミネルヴァ書房　二〇一一年
木本好信『奈良時代の政争と皇位継承』　吉川弘文館　二〇一二年
木本好信『藤原四子』（ミネルヴァ日本評伝選）　ミネルヴァ書房　二〇一三年
倉本一宏『奈良朝の政変劇』（歴史文化ライブラリー）　吉川弘文館　一九九八年
坂上康俊『平城京の時代（シリーズ日本古代史④）』（岩波新書）　岩波書店　二〇一一年
栄原永遠男『聖武天皇と紫香楽宮』　敬文舎　二〇一四年
笹山晴生『奈良の都　その光と影』　吉川弘文館　一九九二年
笹山晴生『古代国家と軍隊』（講談社学術文庫）　講談社　二〇〇四年、もと一九七五年
須田勉・佐藤信編『国分寺の創建―思想・制度編―』　吉川弘文館　二〇一一年

千田稔『天平の僧　行基』（中公新書）中央公論新社　一九九四年
十川陽一『天皇側近たちの奈良時代』（歴史文化ライブラリー）吉川弘文館　二〇一七年
瀧浪貞子『最後の女帝　孝謙天皇』（歴史文化ライブラリー）吉川弘文館　一九九八年
瀧浪貞子『帝王聖武』（講談社選書メチエ）講談社　二〇〇〇年
瀧浪貞子『光明皇后』（中公新書）中央公論新社　二〇一七年
寺崎保広『長屋王』（人物叢書）吉川弘文館　一九九九年
遠山美都男『彷徨の王権　聖武天皇』（角川選書）角川書店　一九九九年
遠山美都男『天平の三姉妹』（中公新書）中央公論新社　二〇一〇年
中川収『奈良朝政争史』（教育社歴史新書）教育社　一九七九年
中川収『奈良朝政治史の研究』高科書店　一九九一年
中西進『聖武天皇』（中公文庫）中央公論新社　二〇一一年、もと一九九八年
中西康裕『続日本紀と奈良朝の政変』吉川弘文館　二〇〇二年
仁藤敦史『女帝の世紀―皇位継承と政争―』（角川選書）角川書店　二〇〇六年
野村忠夫『律令官人制の研究』吉川弘文館　一九七〇年
野村忠夫『奈良朝の政治と藤原氏』吉川弘文館　一九九五年
林陸朗『光明皇后』（人物叢書）吉川弘文館　一九六一年
藤井一二『大伴家持』（中公新書）中央公論新社　二〇一七年

宮田俊彦『吉備真備』（人物叢書）吉川弘文館 一九六一年
山中敏史『古代地方官衙遺跡の研究』塙書房 一九九四年
義江明子『県犬養橘三千代』（人物叢書）吉川弘文館 二〇〇九年
吉川真司『聖武天皇と仏都平城京』（天皇の歴史02）講談社 二〇一一年
吉田孝『律令国家と古代の社会』岩波書店 一九八三年
吉田靖雄『行基』（ミネルヴァ日本評伝選）ミネルヴァ書房 二〇一三年
渡部育子『元明・元正天皇』（ミネルヴァ日本評伝選）ミネルヴァ書房 二〇一〇年
上田正昭監修・（財）京都府埋蔵文化財調査研究センター編『天平びとの華と祈り』柳原出版 二〇一〇年
甲賀市教育委員会編『紫香楽宮シンポジウム〔聖武天皇の夢と謎〕』新人物往来社 二〇〇五年
（財）滋賀県文化財保護協会『大仏はなぜ紫香楽で造られたのか』サンライズ出版 二〇〇五年
『加茂町史 第一巻 古代・中世編』加茂町 一九八八年
『甲賀市史 第一巻 古代の甲賀』甲賀市 二〇〇七年
William Wayne Farris, Population, Disease, and Land in Early Japan, 645-900, Harvard University Press, 1995

三　研究論文

磯貝正義「陸奥采女と葛城王」（『郡司及び采女制度の研究』）　吉川弘文館　一九七八年
伊野近富「山背国相楽郡神雄寺の発見」（『木簡研究』三一）　二〇〇九年
大坪州一郎「神雄寺跡の調査（文化財レポート）」（『日本歴史』八一〇）　二〇一五年
岸　俊男「光明立后の史的意義」「郷里制廃止の前後」（『日本古代政治史研究』）　塙書房　一九六六年
北　啓太「『松浦廟宮先祖次第幷本縁起』について」（佐藤信編『史料・史跡と古代社会』）　吉川弘文館　二〇一八年
北山茂夫「七四〇年の藤原広嗣の乱」（『日本古代内乱史論』岩波現代文庫）　岩波書店　二〇〇〇年
北山茂夫「天平末葉における橘奈良麻呂の変」（『日本古代政治史の研究』）　岩波書店　一九五九年
櫛木謙周「天平一七年大粮申請文書の基礎的考察」（『日本古代労働力編成の研究』）　塙書房　一九九六年
倉本一宏「律令制成立期の政治体制」（『日本古代国家成立期の政権構造』）　吉川弘文館　一九九七年

胡口靖夫「橘氏の氏寺について」（『古代文化』二九―八）一九七七年
坂上康俊「律令国家の法と社会」（歴史学研究会・日本史研究会編『日本史講座2』）東京大学出版会 二〇〇四年
栄原永遠男「藤原広嗣の乱の展開過程」（九州歴史資料館編『大宰府古文化論叢』上）吉川弘文館 一九八三年
栄原永遠男「あさかやま木簡に関する基礎的検討」（『木簡研究』三一）二〇〇九年
坂本太郎「馬寮監」（『坂本太郎著作集』第七巻）吉川弘文館 一九八九年
坂本太郎「藤原広嗣の乱とその史料」（『坂本太郎著作集』第三巻）吉川弘文館 一九八九年
新川登亀男「橘諸兄―「臣」への道―」（佐藤信編『古代の人物2 奈良の都』）清文堂 二〇一六年
瀧川政次郎「紫微中台考」（『律令諸制及び令外官の研究（法制史論集第四冊）』）名著普及会 一九八六年
長洋一「藤原広嗣の怨霊覚書」（『歴史評論』四一七）一九八五年
角田文衛「国分寺の創設」（角田文衛編『新修国分寺の研究』第六巻）吉川弘文館 二〇〇六年
角田文衛「天平感宝元年の勅書」（『平城時代史論考』）吉川弘文館 二〇〇七年
東野治之「天平十八年の遣唐使派遣計画」「鳥毛立女屏風下貼文書の研究」（『正倉院文書と

木簡の研究』）
直木孝次郎「広嗣の乱後の大養徳小東人ら三人の処遇について」（『続日本紀研究』三一八）　塙書房　一九七七年
中野渡俊治「八世紀太上天皇の存在意義」（『ヒストリア』一九一）　一九九九年
中野渡俊治「天平十六年難波宮皇都宣言をめぐる憶説」（続日本紀研究会編『続日本紀と古代社会』）　塙書房　二〇〇四年
中村順昭「八世紀における国の分立と廃止」（『史叢』九二）　二〇一四年
中村順昭「国師と地方寺院」（佐藤信編『古代東国の地方官衙と寺院』）　山川出版社　二〇一五年
仁藤敦史「太上天皇制の展開」（『古代王権と官僚制』）　臨川書店　二〇一七年
仁藤敦史「太上天皇の「詔勅」について」（吉村武彦編『律令制国家と古代社会』）　塙書房　二〇〇〇年
野村忠夫「官人出身法の構造」（『律令官人制の研究』）　吉川弘文館　二〇〇五年
野村忠夫「奈良時代の政治過程」（『律令政治と官人制』）　吉川弘文館　一九七〇年
萩野由之「国分寺建立発願の詔勅について」（『史学雑誌』三三—一）　一九九三年
橋本義則「恭仁宮の二つの「内裏」」（『山口大学文学会志』五一）　一九二二年
春名宏昭「太上天皇制の成立」（『史学雑誌』九九—二）　二〇〇一年
一九九〇年

福原栄太郎「天平九年の疫病流行とその政治的影響」(『神戸山手大学環境文化研究所紀要』四) 二〇〇〇年
福原栄太郎「再び天平九年の疫病流行とその影響について」(橋本政良編『環境歴史学の視座』) 岩田書院 二〇〇二年
藤井一二「「越中国礪波郡石粟村官施入田地図」の歴史的性格」(続日本紀研究会編『続日本紀の時代』) 塙書房 一九九四年
松原弘宣「造営組織と木屋坊・木屋所」(『日本古代の支配構造』) 塙書房 二〇一四年
水本浩典「大和宿禰長岡と広嗣の乱」(続日本紀研究会編『続日本紀の時代』) 塙書房 一九九四年
森公章「橘家と恵美太家」(『海南史学』三三) 一九九五年
山田英雄「淡海真人三船の讒言」(『万葉集覚書』) 岩波書店 一九九九年
横田健一「安積親王の死とその前後」(『白鳳天平の世界』) 創元社 一九七三年
義江明子「橘氏の成立と氏神の形成」(『日本古代の氏の構造』) 吉川弘文館 一九八六年
吉川敏子「天平二十一年四月甲午宣命に見る聖武天皇の認識」(『続日本紀研究』三六七) 二〇〇七年
吉田孝「墾田永年私財法の基礎的研究」(『律令国家と古代の社会』) 岩波書店 一九八三年

渡辺晃宏「馬場南遺跡と橘諸兄の相楽別業」(上田正昭監修・(財)京都府埋蔵文化財調査研究センター編『天平びとの華と祈り』)柳原出版　二〇一〇年

著者略歴

一九五三年　神奈川県生まれ
一九八二年　東京大学大学院人文科学研究科博士課程中退
文化庁文化財保護部美術工芸課文部技官、文化財調査官などを経て
現在　日本大学文理学部教授・博士（文学）

主要著書・論文

『律令官人制と地域社会』（吉川弘文館、二〇〇八年）

『地方官人たちの古代史—律令国家を支えた人びと—』（歴史文化ライブラリー、吉川弘文館、二〇一四年）

「高麗福信と武蔵国」（高橋一夫・須田勉編『古代高麗郡の建郡と東アジア』高志書院、二〇一八年）

人物叢書　新装版

橘諸兄

二〇一九年（令和元）七月一日　第一版第一刷発行

著者　中《なか》村《むら》順《より》昭《あき》

編集者　日本歴史学会
代表者　藤田覚

発行者　吉川道郎

発行所　株式会社 吉川弘文館
東京都文京区本郷七丁目二番八号
郵便番号一一三—〇〇三三
電話〇三—三八一三—九一五一〈代表〉
振替口座〇〇一〇〇—五—二四四
http://www.yoshikawa-k.co.jp/

印刷＝株式会社 平文社
製本＝ナショナル製本協同組合

ISBN978-4-642-05288-7

『人物叢書』(新装版)刊行のことば

人物叢書は、個人が埋没された歴史書が盛行した時代に、「歴史を動かすものは人間である。個人の伝記が明らかにされないで、歴史の叙述は完全であり得ない」という信念のもとに、専門学者に執筆を依頼し、日本歴史学会が編集し、吉川弘文館が刊行した一大伝記集である。

幸いに読書界の支持を得て、百冊刊行の折には菊池寛賞を授けられる栄誉に浴した。

しかし発行以来すでに四半世紀を経過し、長期品切れ本が増加し、読書界の要望にそい得ない状態にもなったので、この際既刊本の体裁を一新して再編成し、定期的に配本できるような方策をとることにした。既刊本は一八四冊であるが、まだ未刊である重要人物の伝記についても鋭意刊行を進める方針であり、その体裁も新形式をとることとした。

こうして刊行当初の精神に思いを致し、人物叢書を蘇らせようとするのが、今回の企図である。大方のご支援を得ることができれば幸せである。

昭和六十年五月

日本歴史学会

代表者　坂本太郎

日本歴史学会編集

人物叢書〈新装版〉

▽没年順に配列▽残部僅少の書目も掲載してあります。品切の節はご容赦下さい。
▽九〇三〜二四〇〇円（税別）▽四六判・カバー装／一四四〜四八〇頁

日本武尊 上田正昭著 熊襲・蝦夷の征討に東奔西走する悲劇の皇子

継体天皇 篠川　賢著 古代国家形成の画期をつくった六世紀の大王

聖徳太子 坂本太郎著 推理や憶測を排し透徹の史眼で描く決定版！

秦　河勝 井上満郎著 飛鳥時代を生きぬいた聖徳太子の側近の生涯

蘇我蝦夷・入鹿 門脇禎二著 悪逆非道の人間像を内外政治状勢の中に活写

天智天皇 森　公章著 中央集権体制の確立を推進した古代の天皇

額田王 直木孝次郎著 二人の皇子に愛された『万葉集』女流歌人の伝

持統天皇 直木孝次郎著 天武の皇后波瀾苦悩の生涯を時代の上に描く

柿本人麻呂 多田一臣著 『万葉集』を手がかりに「歌聖」の生涯に迫る

藤原不比等 高島正人著 藤原氏繁栄の礎を築いた稀代の大政治家描く

長屋王 寺崎保広著 邸宅跡発掘と史料駆使し自尽に至る生涯描く

県犬養橘三千代 義江明子著 奈良朝に華麗な血脈を築き上げた女官の生涯

山上憶良 稲岡耕二著 奈良時代の歌人。独自の作風と貴き生涯追う

行　基 井上　薫著 架橋布施屋等社会事業史に輝く奈良時代高僧

橘　諸兄 中村順昭著 天平期、政権トップに立った皇親政治家！

光明皇后 林　陸朗著 聖武の皇后天平のヒロイン。仏教興隆に尽す

鑑　真 安藤更生著 奈良仏教・文化に感化与えた唐招提寺の開祖

藤原仲麻呂 岸　俊男著 大臣から逆賊に一転、奈良朝史の秘鍵を解く

道　鏡 横田健一著 空前絶後の怪僧。女帝治下の暗闘・陰謀を解く

吉備真備 宮田俊彦著 該博な学識を持つ奈良時代屈指の学者政治家

佐伯今毛人 角田文衞著 東大寺造営の主宰者。渦巻く政局と生涯照射

和気清麻呂 平野邦雄著 勝れた古代革新政治家の真面目を再評価する

桓武天皇 村尾次郎著 人材を登用し清新な政治行った延暦聖主の伝

坂上田村麻呂（新稿版） 高橋　崇著 征夷の英雄として名高き武将の全生涯を解明

最　澄 田村晃祐著 日本天台宗の開祖。思想と行動と波瀾の生涯

平城天皇 春名宏昭著 在位三年で新政策を展開した平安初期の天皇

円仁　佐伯有清著　最澄の高弟。天台密教を弘めた三世天台座主

伴善男　佐伯有清著　謎秘める応天門の怪火俊敏宰相の数奇な生涯

円珍　佐伯有清著　五世天台座主智証大師の生涯を克明に描く！

菅原道真　坂本太郎著　中傷にあい流謫大宰府に死す学問の神天神様

聖宝　佐伯有清著　聖徳太子の後身として崇められた気高い生涯

三善清行　所　功著　『意見封事』で有名な論策家。平安初期漢学者

藤原純友　松原弘宣著　摂関家傍流の中央官人であった純友の生涯

紀貫之　目崎徳衛著　王朝歌壇の偶像から急顚落。業績検討再評価

小野道風　山本信吉著　三跡の代表として名高い平安中期の名筆の伝

良源　平林盛得著　叡山中興の祖。平安中期天台座主。元三大師

藤原佐理　春名好重著　三跡の一、平安中期屈指の能書家の生涯描く

紫式部　今井源衛著　源氏物語作者の生涯を社会・政治背景に浮彫

慶滋保胤　小原　仁著　花山朝の政治を担った浄土信仰の先駆者の伝

一条天皇　倉本一宏著　摂関家と協調し、王朝文化を開花させた英主

大江匡衡　後藤昭雄著　平安朝漢詩文に優れた足跡を残した名儒の伝

源信　速水　侑著　日本浄土教の祖と仰がれる『往生要集』著者の伝

源頼光　朧谷　寿著　大江山酒呑童子退治で有名な頼光の生涯描く

藤原道長　山中　裕著　摂関政治全盛を築き栄華の世を極めた公卿伝

藤原行成　黒板伸夫著　一代の名筆、道長政権下に活躍した貴族官僚

藤原彰子　服藤早苗著　天皇の母として院政への架け橋となった生涯

源頼義　元木泰雄著　義家・頼朝へと続く河内源氏二代目の実像！

清少納言　岸上慎二著　枕草子の著者。学識と機智に富む稀代の才女

和泉式部　山中　裕著　摂関政治全盛時代の代表的・情熱的女流歌人

源義家　安田元久著　天下第一武勇の士と称讃された八幡太郎の伝

大江匡房　川口久雄著　平安末期最高の知識人学者兼政治家の人間像

奥州藤原氏四代　高橋富雄著　平泉王国を建設した清衡以下四代の興亡描く

藤原頼長　橋本義彦著　悪左府—保元乱の元凶か？思想と行動を描く

藤原忠実　元木泰雄著　平安後期、落日の摂関家を担い苦闘した人生

源頼政　多賀宗隼著　平安末の武将・歌人。平氏打倒に蹶起の実像

平清盛　五味文彦著　朝廷の政治世界に初めて武家政権を開く生涯

源義経　渡辺保著　赫々たる武勲と数奇な運命。悲劇の英雄実伝

西行　目崎徳衛著　「数奇の遁世者」の行実と特異な生涯を描く

後白河上皇　安田元久著　平氏盛衰、権謀術数もちい朝廷の存続はかる

千葉常胤　福田豊彦著　関東の名族、鎌倉幕府建設の大功労者の生涯

源通親　橋本義彦著　平安～鎌倉の宮廷政治家・歌人の手腕と業績

文覚　山田昭全著　『平家物語』に華々しく描かれる「荒法師」

畠山重忠　貫達人著　鎌倉武士の典型。美談に富む誠実礼節の勇士

法然　田村圓澄著　執拗な弾圧下信念に生き抜いた浄土宗の開祖

栄西　多賀宗隼著　臨済宗開祖・茶祖。思想文化に感化を与えた名僧

北条義時　安田元久著　実朝暗殺—承久の乱に三上皇流す現実政治家

大江広元　上杉和彦著　鎌倉幕府の確立に貢献した文人政治家の生涯

北条政子　渡辺保著　頼朝没後尼将軍と謳われた女傑の苦悩浮彫す

慈円　多賀宗隼著　鎌倉初期の天台座主。勝れた和歌と史論残す

明恵　田中久夫著　栂尾高山寺の開山。戒律を重視した華厳名僧

藤原定家　村山修一著　中世歌壇の大御所、二条派歌学の祖、歌論家

北条泰時　上横手雅敬著　御成敗式目の制定者。鎌倉幕府稀代の名執権

道元　新稿版　竹内道雄著　曹洞宗の開祖。偉大な生涯と宗教思想を描く

北条重時　森幸夫著　執権泰時・時頼を支え、幕府に寄与した全生涯

親鸞　赤松俊秀著　肉食妻帯を自から実践真の民衆宗教を樹立す

北条時頼　高橋慎一朗著　鎌倉時代中期の執権、仏教者の実像に迫る！

日蓮　大野達之助著　余宗排撃と国難来を予言した波瀾情熱の宗祖

阿仏尼　田渕句美子著　鎌倉時代の女流歌人。その才気溢れる実像！

北条時宗　川添昭二著　蒙古襲来の真相と若き執権の実像に迫る初伝

一遍　大橋俊雄著　踊り念仏で全国遊行した鎌倉仏教時宗の宗祖

叡尊・忍性　和島芳男著　戒律再興と社会事業に献身した師弟高僧の伝

京極為兼　井上宗雄著　鎌倉期、両統対立の政界に活躍した反骨歌人

金沢貞顕　永井　晋著　鎌倉末期の執権。衰えゆく幕府を支えた生涯

菊池氏三代　杉本尚雄著　肥後の名族菊池氏—南北朝期活躍の武将描く

新田義貞　峰岸純夫著　尊氏と勢威を競い、戦闘に明け暮れた武将伝

花園天皇　岩橋小弥太著　両統迭立期、公正な態度持した文徳高い天皇

赤松円心・満祐　高坂　好著　円心の挙兵、満祐の将軍弑逆等その転変描く

卜部兼好　冨倉徳次郎著　徒然草で有名な中世の隠者・歌人・随筆評論家

覚如　重松明久著　本願寺を創建して真宗教団の基礎を築く名僧

足利直冬　瀬野精一郎著　父尊氏と生涯死闘を演じた波瀾の武将の実伝

佐々木導誉　森　茂暁著　南北朝動乱「ばさら大名」。風雲児の生涯描く

細川頼之　小川　信著　幼将軍義満を補佐し幕府の基礎固めた名宰相

足利義満　臼井信義著　南北朝を合体し大名を制圧、幕府の基礎固む

今川了俊　川添昭二著　南北朝時代の武将。和歌連歌に勝れた風流文人

足利義持　伊藤喜良著　最も平穏な時代を築いた室町四代将軍の初伝

世阿弥　今泉淑夫著　現代になお生きる能の世界を確立した人間像

上杉憲実　田辺久子著　室町前期の関東管領。足利学校再興者の初伝

山名宗全　川岡　勉著　応仁の乱の西軍大将。その豪毅な生涯に迫る

一条兼良　永島福太郎著　博学宏才、中世随一の学者。東山文化併せ描く

亀泉集証　今泉淑夫著　室町禅林のキーパースンの全生涯を描き出す

蓮如　笠原一男著　盛んな布教活動で真宗王国築いた傑僧の生涯

宗祇　奥田　勲著　室町後期の連歌師。全国に連歌を広めた生涯

万里集九　中川徳之助著　室町末期の臨済宗一山派の禅僧。文芸と生涯

三条西実隆　芳賀幸四郎著　戦国擾乱の世に公家文化守る教養高い文化人

大内義隆　福尾猛市郎著　文化愛好と貿易富力で山口王国築く戦国大名

ザヴィエル　吉田小五郎著　東洋伝道の使途、わが国最初の耶蘇会宣教師

三好長慶　長江正一著　下剋上の代表と誤解されるが文武備えた武将

今川義元　有光友學著　桶狭間に落命した悲運の戦国大名の実像とは

武田信玄　奥野高広著　謙信と角逐し信長を畏怖せしめた戦国の名将

朝倉義景　水藤　真著　信長に反抗して大敗、越前一乗谷に滅ぶ大名

浅井氏三代　宮島敬一著　信長と互角に戦った北近江の戦国大名の興亡

織田信長　池上裕子著　革命家のごとく英雄視する後世の評価を再考

明智光秀　高柳光寿著　主君弑逆の原因は何か心裡を分析し謎を解く

大友宗麟　外山幹夫著　北九州の雄族キリシタン大名。波瀾・数奇描く

千利休　芳賀幸四郎著　千家流茶祖。自刃し果る数奇な生涯と芸描く

松井友閑　竹本千鶴著　信長の唯一無二の側近の生涯に迫る初の伝記

豊臣秀次　藤田恒春著　叔父秀吉に翻弄された悲運の生涯を描き出す

足利義昭　奥野高広著　運命に翻弄された数奇な室町幕府最後の将軍

前田利家　岩沢愿彦著　変転・動乱の世を生き抜く加賀百万石の藩祖

長宗我部元親　山本大著　戦国土佐の大名。南国文化築いた名将の生涯

安国寺恵瓊　河合正治著　秀吉の天下統一援けたが関ヶ原役に敗れ斬首

石田三成　今井林太郎著　秀吉に抜擢されて孤忠尽す。果して奸物か？

真田昌幸　柴辻俊六著　織豊期を必死に生き抜く、処世術と事跡検証

最上義光　伊藤清郎著　出羽五七万石の礎を築いた戦国武将の全生涯

前田利長　見瀬和雄著　〝加賀百万石〟の礎を築いた二代当主の生涯

高山右近　海老沢有道著　改宗を肯んぜず国外に追放された切支丹大名

島井宗室　田中健夫著　織豊政権に暗躍した博多の豪商、茶人・貿易家

淀君　桑田忠親著　秀吉の愛妾となり大坂城に君臨自滅した女傑

片桐且元　曽根勇二著　大坂の陣を前に苦悩奔走した真実と実像探る

藤原惺窩　太田青丘著　近世朱子学の開祖。文芸復興の業績と人間像

支倉常長　五野井隆史著　慶長遣欧使節を努めた仙台藩士の実像に迫る

伊達政宗　小林清治著　独眼よく奥羽を制覇し大藩築く、施政と生涯

天草時貞　岡田章雄著　島原乱の指導者。生立ちと一揆の顚末を描く

立花宗茂　中野等著　九州柳川藩の祖。軍記による粉飾拭った実伝

宮本武蔵　大倉隆二著　二天一流を開いた江戸初期の兵法家の実像！

佐倉惣五郎　児玉幸多著　義民惣五郎の実在を証明し事件の真相を解明

小堀遠州　森蘊著　遠州流茶祖。歌道・書・陶芸・造庭の巨匠事蹟

徳川家光　藤井讓治著　「生まれながらの将軍」の四八年の生涯を描く

由比正雪　進士慶幹著　丸橋忠弥らと幕府転覆を企て計破れた快雄伝

林羅山　堀勇雄著　博識を以て家康以下三代に仕えた模範的学者

松平信綱　大野瑞男著　家光側近として幕府確立に尽力した川越藩主

国姓爺　石原道博著　鄭成功。抗滑復明の義挙に参加温血快漢の伝

野中兼山　横川末吉著　土佐藩制確立期の大政治家。善政苛政を浮彫

保科正之　小池進著　家綱を後見し、家訓十五条を遺した会津藩主

隠元　平久保章著　招きに応じて渡来尊崇博した禅宗黄檗派の祖

徳川和子　久保貴子著　葵と菊の架け橋となった東福門院の初の伝記

酒井忠清　福田千鶴著　後世に悪者として描かれた江戸前期の政治家

朱舜水　石原道博著　明末の大儒、水戸学に感化与えた高節帰化人

池田光政　谷口澄夫著　備前岡山藩祖。民政・文教に治績をあげた名君

山鹿素行　堀勇雄著　日本中朝主義を提唱、儒学者・兵学者の詳伝

井原西鶴　森銑三著　浮世草子作家の生涯を厳密な作品研究で抉る

松尾芭蕉　阿部喜三男著　最近の研究成果踏まえ作品織り成す俳聖の伝

三井高利　中田易直著　財閥三井家の始祖。元禄期に活躍した大商人

河村瑞賢　古田良一著　海運・治水事業に功遂げた江戸時代の大商人

徳川光圀　鈴木暎一著　水戸黄門で知られる二代藩主を捉え直す実伝

契沖　久松潜一著　僧侶の身で古典を究め近世国学の先駆となる

市川団十郎　西山松之助著　成田屋初代から現十二代までの人と芸の列伝

伊藤仁斎　石田一良著　京都市井の大儒、古学を唱えた堀川学派の祖

徳川綱吉　塚本学著　賞罰厳明・生類憐み―江戸幕府五代将軍の伝

貝原益軒　井上忠著　江戸中期経学医学等広範に功残す福岡藩儒者

前田綱紀　若林喜三郎著　加賀藩中興の名君。藩民政典籍収集の功著大

近松門左衛門　河竹繁俊著　劇作家の氏神の素性と生涯を作品と共に描く

新井白石　宮崎道生著　近世詩壇の王者。和漢洋に亙る博学者の全伝

鴻池善右衛門　宮本又次著　大阪随一の富豪。財閥成長の事歴鮮明にする

石田梅岩　柴田実著　〝心学〟の開祖。生涯と思想行実を巧みに描く

太宰春台　武部善人著　江戸時代を代表する儒者。―その学問と生涯

徳川吉宗　辻　達也著　江戸幕府中興の英主。享保改革の実体を究明

大岡忠相　大石　学著　大岡越前として名高い江戸中期の幕臣の実像

賀茂真淵　三枝康高著　国学の巨匠。業績・生涯を時代と共に描く力篇

平賀源内　城福　勇著　江戸中期の博物学者戯作者。奇才獄中に憤死

与謝蕪村　田中善信著　江戸時代の代表的文人画家の初の本格的伝記

三浦梅園　田口正治著　多数の驚異的哲理書著わす。近世の大思想家

毛利重就　小川國治著　藩政改革を断行した萩藩「中興の祖」の初伝

本居宣長　城福　勇著　国学の大成者。その学問・思想と業績を活写

山村才助　鮎沢信太郎著　鎖国下、世界地理学に先鞭つけた異才の業績

木内石亭　斎藤　忠著　江戸中期の奇石蒐集家日本先史学の開拓者！

小石元俊　山本四郎著　蘭学を京都に広め解剖の技倆に優れた先覚者

山東京伝　小池藤五郎著　戯作浮世絵の大家、典型的通人の文芸と生涯

杉田玄白　片桐一男著　蘭学の確立発展に熱情傾け名誉遺した先覚者

塙　保己一　太田善麿著　群書類従等古典編集校刊の偉業遂ぐ盲人学者

上杉鷹山　横山昭男著　藩政改革に治績あげた米沢藩主。―封建の名君

大田南畝　浜田義一郎著　蜀山人。天明狂歌壇の王者、作品と生涯描く

只野真葛　関　民子著　女性の闘争を宣言した時代に早すぎた人の伝

小林一茶　小林計一郎著　庶民の哀歓を率直に歌いあげた異色の俳人伝

大黒屋光太夫　亀井高孝著　露領の小島に漂着十一年後送還された運命児

松平定信　高澤憲治著　寛政改革を推進し文化人と評された老中の伝

菅江真澄　菊池勇夫著　民俗学の先駆者となった『遊歴文人』の全生涯

島津重豪　芳　即正著　江戸後期積極的な開化政策推進した薩摩藩主

狩谷棭斎　梅谷文夫著　書誌学・金石学の基礎を築き考証学を大成す

最上徳内　島谷良吉著　江戸後期の蝦夷地探検家。北方問題に寄与大

渡辺崋山　佐藤昌介著　幕末の文人画家。蛮社の獄を招いた悲劇の伝

柳亭種彦　伊狩　章著　『田舎源氏』で空前のブーム起した旗本戯作者

香川景樹　兼清正徳著　公家歌学・尚古的歌論斥け歌壇の革新はかる

平田篤胤　田原嗣郎著　宣長の学統継ぐ国学の巨匠。精力的事蹟描く

間宮林蔵　洞　富雄著　大探検家。幕府隠密。明暗併せ描く異色の伝記

滝沢馬琴　麻生磯次著　晩年失明後も辛苦口述続けた最初の稿料作家

調所広郷　芳　即正著　幕末薩摩藩家老。財政改革の全容と生涯解明

橘　守部　鈴木暎一著　独学古典を研鑽し宣長学を批判。新境地開く

黒住宗忠　原　敬吾著　特異な宗派神道—黒住教の霊能と教祖の実伝

水野忠邦　北島正元著　天保改革を断行した悲劇宰相の業績背景活写

帆足万里　帆足図南次著　日本科学史に異彩放つ先駆者の生涯業績描く

江川坦庵　仲田正之著　太平に眠る幕閣に警鐘ならした幕末の名代官

藤田東湖　鈴木暎一著　代表的な水戸学者。熱血漢波瀾の生涯を描く

二宮尊徳　大藤　修著　荒廃農村の復興に尽力した江戸末期の農政家

広瀬淡窓　井上義巳著　門弟三千幕末の逸材多数を輩出した大教育家

大原幽学　中井信彦著　勝れた下総の農民指導者、協同組合の創始者

島津斉彬　芳　即正著　内政外交に卓抜な英知示した開明派薩摩藩主

月　照　友松圓諦著　西郷と相抱いて薩摩潟に投身した憂国勤皇僧

橋本左内　山口宗之著　安政の大獄に散った偉大な青年の行動と事蹟

井伊直弼　吉田常吉著　開国の先覚か違勅の元凶か？時代と人物活写

吉田東洋　平尾道雄著　幕末土佐藩政改革の主役者。隠れた偉才の伝

緒方洪庵　梅溪　昇著　種痘の普及、適塾を主宰した江戸の蘭医学者

佐久間象山　大平喜間多著　識見高邁幕末の開国論者。奔走中凶刀に斃る

真木和泉　山口宗之著　幕末尊攘派の理論的指導者。波瀾の生涯描く

高島秋帆　有馬成甫著　西洋砲術を修め率先洋式兵制と開国を唱道す

シーボルト　板沢武雄著　鎖国下西欧科学を伝えた近代日本の一大恩人

高杉晋作　梅溪　昇著　士庶混成の奇兵隊を創設した幕末の長州藩士

川路聖謨　川田貞夫著　日露和親条約締結の立役者。幕府に殉じた生涯

横井小楠　圭室諦成著　雄藩連合による開明的施策に身命捧げた先覚

小松帯刀　高村直助著　大政奉還から王政復古を演出した薩摩藩家老

山内容堂　平尾道雄著　幕末土佐の名君。詩酒奔放。大政奉還の偉功者

江藤新平　杉谷　昭著　明治初期立法の偉功者佐賀乱に敗れて刑死す

和宮　武部敏夫著　公武合体の犠牲—家茂に嫁した数奇な皇女伝

西郷隆盛　田中惣五郎著　太っ腹で誠実、維新三傑の一。大生涯を描く

ハリス　坂田精一著　日本開国の主役—辣腕外交家の真面目を描く

森有礼　犬塚孝明著　伊藤内閣初代文相。各界で活躍した事蹟描く

松平春嶽　川端太平著　幕末越前の名君。波瀾苦悩の生涯と政情描く

中村敬宇　高橋昌郎著　女子教育・盲唖教育を開拓した偉大な啓蒙家

河竹黙阿弥　河竹繁俊著　近世演劇の集大成者。作品解説兼ねる好伝記

寺島宗則　犬塚孝明著　幕末明治の激動期を生きた外務卿の本格的伝

樋口一葉　塩田良平著　貧窮裡に天稟を磨き忽然世を去った薄命作家

ジョセフ＝ヒコ　近盛晴嘉著　漂流渡米し受洗帰化、我国最初の新聞発刊者

勝海舟　石井孝著　機略縦横、不遇未完の政治家を維新期に活写

臥雲辰致　村瀬正章著　ガラ紡織機を発明し日本産業発展史に名残す

黒田清隆　井黒弥太郎著　埋もれた明治の礎石。多彩・悲劇の生涯描く

伊藤圭介　杉本勲著　日本植物学の始祖。近代科学史上の先駆者！

福沢諭吉　会田倉吉著　広範な資料に基づく近代日本の大先覚者の伝

星亨　中村菊男著　凶刃に斃れた明治政界偉材の怒濤・波瀾の伝

中江兆民　飛鳥井雅道著　仏学派代表と目された奇人兆民の理想と生涯

西村茂樹　高橋昌郎著　明治初期の思想家・教育者。多彩な業績紹介

正岡子規　久保田正文著　俳句・和歌の革新に不滅の偉業遂ぐ巨匠描く

清沢満之　吉田久一著　明治仏教界の明星。宗教的天才の思想と生涯

滝廉太郎　小長久子著　「荒城の月」「箱根八里」等名曲残す天才作曲家

副島種臣　安岡昭男著　ハイカラで威厳に満ちた明治期外務卿の生涯

田口卯吉　田口親著　近代日本建設に前人未到の足跡残した快男児

福地桜痴　柳田泉著　非凡な才能世に容れられず才人の再評価描く

陸羯南　有山輝雄著　徳富蘇峰らと対峙した孤高のジャーナリスト

児島惟謙　田畑忍著　大津事件に司法権独立護持。明治法曹界巨人

荒井郁之助　原田朗著　初代中央気象台長。自然科学の基礎築く先覚

幸徳秋水　西尾陽太郎著　社会主義から無政府主義へ。大逆事件で刑死

ヘボン	高谷道男著	幕末日本に渡来、銘記すべき業績残した恩人
石川啄木	岩城之徳著	薄命の大天才歌人。波瀾の裏面生活を浮彫す
乃木希典	松下芳男著	古武士的風格と家庭生活併せ描く将軍の実伝
岡倉天心	斎藤隆三著	日本美術の優秀性を世界に唱道した大先覚者
桂　太郎	宇野俊一著	長州藩閥のエリートが閥族政治の脱却に挑む
徳川慶喜	家近良樹著	江戸幕府最後の将軍。複雑な性格と行動描く
加藤弘之	田畑　忍著	初代東大総長。一世に感化与えた碩学の生涯
山路愛山	坂本多加雄著	明治大正期の卓越した思想家愛山の本格的伝
伊沢修二	上沼八郎著	明治教育界の大開拓者近代教育の基礎を築く
秋山真之	田中宏巳著	独自の兵学で日本海海戦に勝利した戦術家伝
前島　密	山口　修著	郵便の父。近代日本確立期、多彩に活躍の人
成瀬仁蔵	中嶌　邦著	近代女子教育に尽力した日本女子大の創立者
前田正名	祖田　修著	明治殖産興業の推進者広汎な活動克明に描く
大隈重信	中村尚美著	早大創立者。波瀾万丈の偉大な政党政治家！
山県有朋	藤村道生著	国軍建設の父、明治の元勲。絶対主義の権化
大井憲太郎	平野義太郎著	自由民権の急先鋒。労働・社会運動の先駆者
河野広中	長井純市著	立憲政治の完成を追求した民衆政治家の生涯
富岡鉄斎	小高根太郎著	セザンヌ・ゴッホに比すべき非凡な文人画家
大正天皇	古川隆久著	激動の明治・昭和の狭間を治めた守成の君主
津田梅子	山崎孝子著	女性解放と女子教育の開拓に精魂尽す先覚者
豊田佐吉	楫西光速著	世界的鉄製自動織機を完成。発明王・紡績王
渋沢栄一	土屋喬雄著	近代日本の発展に多大な役割演じた大実業家
有馬四郎助	三吉　明著	我国行刑史上不滅の名残すクリスチャン典獄
武藤山治	入交好脩著	鐘紡王国建設、時事新報社長等政財界に活躍
坪内逍遙	大村弘毅著	明治大正期文壇に君臨した文豪、劇作評論家
山室軍平	三吉　明著	伝道と社会事業に献身した日本救世軍司令官
阪谷芳郎	西尾林太郎著	大蔵大臣、東京市長等を務めたエコノミスト
南方熊楠	笠井　清著	奇行・型破りの非凡な学者。学問・業績を描く

山本五十六　田中宏巳著　真珠湾奇襲作戦を実行した〝名提督〟の実像
中野正剛　猪俣敬太郎著　東条に抗し弾圧下に割腹。激動・波瀾の詳伝
近衛文麿　古川隆久著　首相を三度務めた昭和前期の政治家の全生涯
河上　肇　住谷悦治著　弾圧下学問的良心守るマルクス主義経済学者
牧野伸顕　茶谷誠一著　昭和天皇の信任篤かった内大臣の生涯を描く
御木本幸吉　大林日出雄著　伝説化した真珠正伝を大きく書き改めた力篇
尾崎行雄　伊佐秀雄著　藩閥に抗し軍国主義と戦う、憲政の神の生涯
緒方竹虎　栗田直樹著　戦後55年体制の礎を築いた政党政治家の足跡
石橋湛山　姜　克實著　明治～昭和に活躍した言論人・政治家・思想家
八木秀次　沢井　実著　「八木・宇田アンテナ」を発明した科学技術者
▽以下続刊